KB045647

단 하나의 이론

일러두기

1. 책에 등장하는 주요 인명, 지명, 기관명 등은 국립국어원 외래어 표기법을 따랐지만
   일부 단어에 대해서는 소리 나는 대로 표기했습니다.
2. 단행본은 《 》, 연속간행물, 영화, 방송 등은 〈 〉로 구분했습니다.
3. 해외 논문의 인용구는 저자가 옮긴 내용을 바탕으로 실었습니다.

인류 역사를
관통하는
거대한 유산

단 하나의 이론

천체물리학자 **윤성철**

사회학자 **노명우**

미생물학자 **김응빈**

신경심리학자 **김학진**

통계물리학자 **김범준**

인지심리학자 **김경일**

신경인류학자 **박한선**

RHK
알에이치코리아

리처드 파인만
Richard Feynman

1918년 5월 11일 ~ 1988년 2월 15일

하나의 이론에 약간의 상상과 추론을 더하면,
이 세계에 대한 엄청난 양의 정보를 끌어낼 수 있다.

만일 기존의 모든 과학 지식을 송두리째 와해시키는 일대 혁명이
일어나, 다음 세대에 물려줄 지식이 단 한 문장밖에 남지 않는다
면, 그 문장은 어떤 내용을 담고 있을까?

1965년 노벨물리학상 수상자이자 20세기 최고의 물리학자로 불
리는 리처드 파인만이 남긴 유명한 질문입니다. 얼핏 물리학에 한정
된 이야기로 들릴 수 있지만, 곰곰이 생각하면 우주, 인간 그리고 삶
에 수렴하는 물음입니다. 특히 코로나 바이러스로 팬데믹이 장기화
되면서 혼돈의 시기를 겪고 있는 우리의 상황으로 미루어볼 때, 이는
다가올 미래와 다음 세대를 위해 반드시 짚고 넘어가야 할 주제이기
도 합니다.

그럼 파인만 본인은 단 하나의 지식으로 무엇을 꼽았을까요? 바

로, "세상의 모든 물질은 원자로 되어 있다"라는 원자론입니다. 너무 작아 눈에 보이지 않을 뿐 원자는 이 세상 모든 것을 구성하고 있습니다(심지어 인간까지도 말이죠). 이 이론에 기대어 화학을 비롯한 과학 기술 그리고 인류 문명이 폭발적으로 발전했다고 해도 과언이 아닙니다. 이어서 그는 의미심장한 말을 덧붙입니다. "하나의 이론에 약간의 상상과 추론을 더하면, 이 세계에 대한 엄청난 양의 정보를 끌어낼 수 있다." 그 뜻을 해석하면, 전체를 관통하는 공통의 맥락을 정확히 이해한다면 복잡다단한 현상을 해결할 수 있는 키코드를 손에 쥘 수 있다는 이야기가 아닐까요?

그가 세상을 떠난 지도 어느덧 한 세대가 지난 지금, 파인만과 같이 오랜 기간 자신의 분야에 몰두해 온 21세기 지식인들에게 같은 질문은 던진다면, 그들은 무엇을 이야기할까요? 이 물음에 대한 답을 구하기 위해 다음의 전문가들을 찾아뵈었습니다. 천체물리학자 윤성철, 사회학자 노명우, 미생물학자 김응빈, 신경심리학자 김학진, 통계물리학자 김범준, 인지심리학자 김경일, 신경인류학자 박한선까지, 학계의 주목을 받으며 각 분야의 대중화를 위해 애쓰고 있는 7인의 지식인들이 인류 역사를 관통하는 거대한 지적 유산을 우리에게 전달합니다.

이 책은 우주에 존재하는 가장 근본적인 물리현상부터 존재와 삶에 관한 인간 본능과 철학적 사유에 이르기까지, 예외적인 상황에서도 뒤바뀔 수 없는 명제들을 담고 있습니다. 각 저자가 이끄는 일곱 개의 강의는 특정 분야에서 발견된 하나의 개념이 어떻게 우리들의 일상적인 삶의 문제를 해결하고, 이 복잡한 세계를 설명하는 유용한 도구로 확장되는지 직관적으로 전달합니다. 나아가 인류의 과거, 현재, 미래로 우리를 안내하며, 세계관을 확장해 통상적인 시각으로는 볼 수 없었던 새로운 면들을 발견하도록 이끌어줍니다.

인간은 정보와 지식, 경험을 토대로 나름의 답을 도출해 그에 맞춰 살아갑니다. 인간과 사회, 우주를 설명하는 다양한 지적 이론과 철학적 사고들을 통틀어, 신뢰할 수 있는 지식을 끊임없이 습득하고, 경험해야 하는 이유입니다. 급변하는 시대에 불변의 진리와 삶의 가치를 구하는 수많은 사람에게 이 책이 도움이 되기를 바라며, 이야기를 시작합니다.

차 례

현대천문학은 존재의 변화가 타락이기는커녕,
오히려 존재는 변화의 열매라는 것을 깨닫게
한다.

우리가 바이러스가 아닌 이상, 바이러스는 우리에게 단 하나의 문장으로 표현될 수 있는 인간의 본질을 일깨운다. 바이러스는 말한다. 당신은 혼자가 아니라고.

유전자는 과거 특정 시공간의 자연환경에 대한 정보를 간직하고 있다고 볼 수 있다. 말하자면, 유전자에는 지나간 생명의 자취가 남아 있다.

뛰어난 공감 능력은 자신의 감정을 섬세하게 분류함으로써 신체로부터 오는 신호들을 매 순간 예민하게 포착해 적절한 반응을 찾는 삶의 태도로부터 온다.

다가올 미래에 아무리 물리학이 발전하더라도, 그릇된 것으로 판정될 위험이 결코 없는 물리학의 이론이 바로 열역학이라고 아인슈타인이 이야기한 이유다.

인간은 자기 욕구의 실체를 잘 모를 뿐 아니라 전혀 다른 영역으로 현재의 욕구를 전염시키거나 옮기는 존재다. 하지만 이런 오작동의 기제를 절묘하게 만들어 행복의 빈도를 높였고, 장수의 기초를 닦았다.

진정한 의미의 이타심, 즉 어떤 층위에서도 자신에게 생존 혹은 번식상의 이득을 주지 못하는 형질은 진화할 수 없다. 보고 싶지 않고 믿고 싶지 않지만, 원래 진실은 차가운 법이다.

윤성철
천체물리학자

우주는 명사가 아니라 동사다

"신에 관하여는 어떻게 생각하시나요?" 대중 강연이나 사적인 자리에서 사람들과 우주에 관해 이야기하다 보면 흔히 받는 질문이다. 우주에 관한 천문학적 발견이 신의 존재를 반박한다고 생각하여 반감을 느끼는 이들도 적지 않다. 사람들은 항상 우주라는 말에서 신을 떠올린다. 그래서 우주 이야기를 하기 전에 잠시 과학자로서의 선을 넘어 주제넘게 신에 관한 이야기를 하고자 한다.

"우주는 명사가 아니라 동사다"라는 제목은 저명한 신학자 매튜 폭스Matthew Fox가 쓴 글의 제목 "신은 명사가 아니라 동사다"에서 따온 것이다. 가톨릭의 도미니칸 수도회 신부였던 매튜 폭스는 생태 신학으로 널리 알려진 인물이다. 전 교황인 베네딕토 16세 요제프 알로이스 라칭거 Joseph Aloisius Ratzinger가 추기경으로서 교황청의 주요 기관인 신앙교리성을 이끌고 있을 때, 원죄original sin 교리에 관하여 가톨릭의 전통과는 차별화된 주장을 펼치는 매튜 폭스의 설교나 강연을 금지시킨 바 있다. 결국 그는 가톨릭에서 추방된다. 도대체 무엇이 베네딕토 16세의 심기를 건드린 것일까?

두 교황의 대화

2019년에 개봉한 넷플릭스 영화 〈두 교황Two Popes〉은 교회의 보수파를 대표하는 전 교황 베네딕토 16세와 개혁파를 대표하는 현 교황 프란치스코 사이에 이루어진 대화와 교감을 다룬다. 개인적으로 이 영화의 백미는 진리의 수호자를 자처하는 신앙인의 모순과 인간적 연약함을 너무나 탁월하게 묘사한 앤서니 홉킨스Anthony Hopkins 의 연기에 있다고 생각한다. 그의 연기가 돋보인 배경에는, 접점을 찾지 못하고 서로 평행선을 달리는 두 교황의 흥미진진한 대화가 있었다. 몇 가지 예를 보자. 참고로 다음의 대화는 픽션에 불과하기에 실제 교황들의 생각을 정확하게 반영한다고 생각하지는 말자.

> 베네딕토 16세: 당신이 아르헨티나 예수회의 수장이었을 때, 도서관에서 마르크스주의와 관련한 모든 책을 없앴지요.
> 프란치스코: 저는 여러 해 동안 신학 대학생들에게 채소밭에서 일할 때조차도 성직복을 입도록 명했습니다. 동성애자들의 결혼을

악마의 계획이라고 부르기도 했죠.

베네딕토 16세: 당신은 나와 다르지 않았습니다.

프란치스코: 저는 변했습니다.

베네딕토 16세: 아니, 당신은 타협했습니다.

프란치스코: 아니요. 변했습니다. 그건 다른 것입니다.

프란치스코는 자신이 변했다고 고백한다. 그 의미를 베네딕토 16세도 분명히 알았을 것이다. 진리에 관한 인식이 바뀌었다는 뜻이다. 불변의 진리라고 믿어온 교회의 전통도 바뀔 수 있음을 인정해야 한다고 말하고 있는 것이다.

스스로가 변했다는 것을 순순히 인정하는 사람은 의외로 적다. "너는 변했어!"라는 말은 종종 모욕으로 받아들여지곤 한다. 심지어 베네딕토 16세는 상대방이 변했다는 고백조차도 쉽게 인정하려 들지 않는다. 그 대신 타협이라는 단어를 쓴다. 그에게 타협이란 아마도 신성하고 불변하는 진리에 똥물을 묻히는 불경함일 것이다. 진리는 변할 수 없다. 다만 진리를 세속적인 가치관으로 오염시키는 타협주의자들이 있을 뿐이다. 그래서 베네딕토 16세는 견고한 벽을 세울 것을 주장한다. 거룩한 교회의 진리가 이 세대의 타락한 유행으로 물들지 않도록 지켜줄 견고한 교리의 벽 말이다. 대화는 이어진다.

프란치스코: 자연이나 우주에서 그 어떤 것도 불변하는 것은 없습

니다. 심지어 신조차도요.

베네딕토 16세: 신은 변하지 않아요!

프란치스코: 아니요. 신도 변합니다. 그분은 진화하고 있어요. 그분은 우리에게로 움직이고 있고….

베네딕토 16세: '나는 길이요! 진리요! 생명이다!' 신이 계속 움직이고 있다면, 우리가 어디서 그분을 찾을 수 있단 말입니까?

프란치스코는 종교인이 아닌 일반인이 듣기에도 충격적인 말을 한다. 신도 변한다! 신이 진리라면, 진리가 어떻게 변할 수 있단 말인가? 변하는 것이 진리일 수 있을까?

다시 곰곰이 생각해 보면 이런 의문이 들 수도 있다. 자연을 지배하는 법칙이 완벽하다는 믿음은 자연에 혼돈과 변덕이 넘치는 사실과 모순되지 않는가? 우주의 궁극적 실체가 불변한다면, 왜 우리가 보는 자연은 끊임없이 변하고 있는가? 신이 완전하다면, 신의 피조물은 왜 불완전한가? 신이 정의롭다면, 왜 이 세상에는 악이 존재하는가?

치아 교정을 받으면서 아픔을 호소하는 둘째 아이가 요즘 자주 던지는 질문이기도 하다. "하느님은 왜 인간을 이렇게 어설프게 만들어서 우리가 이 고생을 하지? 치열은 삐뚤삐뚤하고, 가끔 배탈도 나고 눈은 짝눈이고…. 왜 이래야 하는 거야?"

이런 질문에 가장 흔하게 대처해 온 방식 중 하나는 본질과 현상을 분리하고 현상을 인정하지 않는 것이다. 이 세계를 이데아idea의 그림자로 생각한 플라톤이 그랬고, 플라톤의 영향을 받은 기독교 일부가 그랬다. 이데아나 신은 완전하지만, 신에 속한 영혼을 가두고 있는 육체와 육체가 감각하는 세계는 그림자인 허상일 뿐이거나 진리에서 벗어나 타락했다는 생각이 그것이다.

심지어 현대에서도 유사한 논리가 발견된다. 신의 질서는 완전하기에 여기에서 벗어나는 변화는 타락일 수밖에 없다. 이런 관점에 따르면 정상에서 벗어나 보이는 모든 현상은 신이 정한 질서가 아니라 타락 때문이다. 예를 들어, 동성애는 신이 정한 창조질서에서 벗어난 타락이라는 생각이 그것이다. 인간과 세상은 치료와 구원이 필요하다. 구원이란 신이 정한 본래의 창조질서를 회복하는 것이다.

이런 믿음은 정적인 우주static universe를 믿는 세계관에 근거하며 종종 현실 부정으로 이어진다. 자연의 현상을 있는 그대로 받아들이지 못하고, 자신의 가치관으로 "자연의 본래 모습은 그렇지 않아!"라고 부정한다는 뜻이다. 이런 관점을 견지하면 생명의 진화가 보여주는 바와 같이 자연의 질서가 시대에 따라 변할 수 있다는 사실에 반감을 갖거나 자연현상이 상상을 초월할 만큼 다양하다는 점을 받아들이기 어렵다. 백신 접종과 같은 인간의 과학기술 문명에 따른 활동 역시 자연 본연의 상태를 훼손하는 일이기에 거부해야 한다는 생각으로 이어지는 경우도 종종 눈에 띈다.

비록 기독교를 주제로 화두를 꺼냈지만, 이는 단순히 종교의 문제가 아니다. 수많은 사람이 각자가 살아온 사회의 전통을 바탕으로 자연의 질서를 나름대로 규정하며 그에 따른 가치판단을 부여하곤 했다.

앞서 언급한 매튜 폭스는 교회의 원죄 교리가 가진 한계를 인식하고 의문을 제기한다. 원죄 교리는 플라톤 철학에 기반하여 성서를 해석한 것으로 잘 알려진 히포의 아우구스티누스를 거쳐 기독교의 군건한 전통이 되었다. 매튜 폭스는 원죄라는 개념을 유대인의 성서 전통에서는 찾을 수 없다고 말한다. 대신 원복^{original blessing}의 개념을 영성의 중심에 놓자고 제안한다. 자연이 창조질서에서 벗어나 본연의 모습을 잃어버렸다는 생각에서 빠져나와 자연의 모든 현상이 현재에도 지속되는 신의 창조 과정임을 깨닫자는 주장이다.

이렇게 관점을 바꿀 수 있다면 인류의 역사에서 단순히 다수의 모습과 다르다는 이유로 오랜 기간 '비정상'이라 소외되어온 다양한 인간의 모습도 타락이 아니라 신의 선한 창조의 일부라는 것을 긍정하게 될 것이다. 이런 세계관에서 미래는 열려 있다. 창조는 일회적 사건이 아니라 현재형이며 미래에도 지속된다. 교황 프란치스코의 '신도 진화한다'라는 생각과도 맥을 같이한다.

존재와 변화

변화를 인정하기 싫어하거나 심지어 혐오하는 사고는 고대 그리스까지 거슬러 올라간다. 철학자 파르메니데스^{Parmenides}의 사상이 대표적인 예다. 그의 논리는 난해하지만 설명하자면 아마도 이런 듯했다. 당신이 10세에는 어린아이였지만 50세인 현재는 더 이상 어린아이가 아니다. 즉, 당신은 이제 다른 것이 되었고 그런 의미에서 자기 자신이 아닌 것이 되었다. 당신이 자신이 아닌 것이 된다면 그것은 존재한다고 말할 수 없고, 따라서 변화는 논리에 맞지 않는 개념이다. 즉, 변화는 환영일 뿐이다. 존재는 변하지 않는다.

더 나아가 파르메니데스는 변하지 않는 불변의 존재인 '일자hen, 一者'라는 개념을 제시한다. 그는 이 세상의 잡다한 현상에는 관심이 없었고, 일자와 같은 형이상학적 개념에만 집중했다고 전해진다. 그가 21세기에 환생한다면, 지구 온난화와 같은 밖의 변화는 스쳐지나가는 일이기에 우리가 신경 쓸 일이 아니고, 오직 영원한 신의 뜻에만 귀 기울이겠다고 말할지도 모를 일이다.

파르메니데스의 일자 개념은 플라톤의 유명한 이데아 사상으로 발전한다. 그에 따르면 시시각각 변하는 물질의 현상에서는 진리에 도달할 수 있는 길을 발견할 수 없다. 오직 이성을 통해 깨닫는 기하학과 같은 추상적 개념만이 진리를 가르쳐줄 수 있다. 이런 태도는 현대에 와서도 일부 종교인 및 과학자들에게서 발견된다. 자연은 우주의 참된 본질을 알려줄 수 없으며 오직 신의 계시만이 영원한 진리에 이르는 길이라는 믿음과 밖의 잡다한 현상보다는 그 현상의 원인이 되는 수학적 규칙만이 자연의 본질을 제대로 보여준다는 사고방식이 그것이다.

원자론, 변화를 설명하다.

파르메니데스, 플라톤 그리고 영화 〈두 교황〉의 베네딕토 16세의 공통점은 이 복잡한 세상을 단순하고 불변하는 원리로 설명하고자 하는 환원주의적 사고방식이라고 볼 수 있다. 그러나 그들의 원리는 이 세계를 설명하기보다는 오히려 부정하게 만든다.

이 문제를 멋지게 해결한 이들이 바로 레우키포스Leukippos, 데모크리토스Democritos, 에피쿠로스Epikouros, 루크레티우스Titus Lucretius Carus 등으로 대표되는 고대의 원자론자들이었다. 이들에게 모든 자연은 단 하나의 실체, 즉 원자atom로 이루어져 있다. 이들에게 원자는 파르메니데스의 '일자'에 해당한다. 루크레티우스의 표현에 따르면 "물질의 기본 입자는 단단하다. 완벽하게. 그래서 시간이 흘러도 영원히 파괴되지 않으며 불멸한다". 나아가 물질세계의 다양한 모습은 이 원자들의 운동과 상호작용을 통해 발생한다고 생각했다. 현대 과학의 발견과 놀랍도록 궤를 같이하는 생각이다.

파르메니데스의 일자나 플라톤의 이데아는 가변적인 물질세계에 속한 것이 아닌 추상적 개념이다. 반면 원자는 물질에 속한다. 원자론에서는 자연의 궁극적 실체가 물질인 원자이기에 물질의 변화를 물질로 설명할 수 있고, 존재와 변화가 상호 모순될 이유가 없다.

원자론이 세상을 설명하는 방식을 조금 더 살펴보자. 이 세상에는 우연적인 모습, 가변적인 모습 그리고 규칙적인 모습이 모두 관찰된

© Unsplash

현대천문학은 존재의 변화가 타락이기는커녕,

오히려 존재는 변화의 열매라는 것을 깨닫게 한다.

다. 좋은 가설은 이 모든 측면을 상호 모순 없이 일관성 있게 설명할 수 있어야 한다.

그렇다면 원자들은 어떤 방식으로 움직이고 있을까? 일단 무작위적일 수는 없을 것이다. 변화를 설명하기 위해 법칙과 규칙성을 포기한다면 그 역시 또 다른 어리석음이다. 자연에 규칙성이 없다면 이 세상은 죽음과 혼돈의 상태에 빠지고 말 것이다. 원자론에서 원자들은 일정한 궤도를 따라 규칙적으로 움직이고 있다. 다시 말해, 각 원자는 자신의 무게로 인해 위에서 아래로 일정한 속도로 떨어지고 있다.

하지만 모든 원자가 한 치의 오차도 없는 규칙성을 보인다면, 이 세상은 시계와 같이 기계적이고 반복적인 모습만 하고 있을 것이다. 변화를 설명하기 위해서는 규칙에서 벗어나는 일탈이 필요하다. 루크레티우스의 표현을 빌리면 다음과 같다. "이 주제와 관련해서 이것도 그대가 알기를 원하노라. 즉, 물체들이 자체의 무게로 인하여 허공을 통해 곧장 아래로 움직이고 있을 때, 아주 불특정한 시간, 불특정의 장소에서 자기 자리로부터 조금, 단지 움직임이 조금 바뀌었다고 말할 수만 있을 정도로, 비켜났다는 것을. 하지만 만일 그들이 기울어져 가 버릇하지 않았다면, 모든 것은 아래로 마치 빗방울들처럼, 깊은 허공을 통하여 떨어질 것이고, 충돌도 생기지 않았을 것이고, 타격도 일어나지 않았을 것이다. 기원들에게는, 그래서 자연은 아무것도 창조하지 못했을 것이다." 즉, 일탈은 창조의 근원이다.

이들의 논리를 다시 정리하자면, 일정한 규칙을 따라 운동하던 원자들 중 일부가 그 궤도를 아주 살짝 일탈하여 다른 원자들과 서로 충돌하기 때문에 새로운 사물이 탄생하거나 전에 없던 사건이 발생한다. 질서와 변화는 이렇게 원자운동의 규칙과 일탈로 설명된다. 그들은 현대 과학의 도움 없이도 우주에 존재하고 있는 모든 것이 우연과 필연의 열매라는 것을 탁월하게 간파하고 있었다.

이 세상을 원자의 운동으로 설명할 수 있다면, 세상을 설명하기 위해 우리는 초자연적인 신이나 세상과 독립적인 이데아를 생각할 이유가 없다. 자연은 스스로를 설명할 수 있다. 또한 자연의 변화가 우연한 일탈에 따른 결과라면, 우리는 자연의 사건에 불필요한 의미를 부여할 필요도 없다. 한 예로, 누군가가 아픈 것은 그 사람 혹은 그의 조상이 죄를 지었기 때문이 아닐뿐더러 신의 저주인 것도 아니다. 이런 식의 '의미 과잉'은 종종 사회 구성원에 대한 사회 지도층의 통제와 억압의 수단이었다. 원자론자들은 그 폐해를 잘 알고 있었고, 자신들의 유물론 철학을 통해 인간이 비합리적인 신과 죽음의 공포에서 벗어나기를 원했다.

원자론자들의 태도를 잘 보여주는 사례 중 하나는 에피쿠로스의 죽음에 관한 어록이다. "죽음은 우리에게 아무것도 아니다. 우리가 살아있는 동안 죽음은 없는 것이며, 우리가 죽는다면 우리는 더 이상 존재하지 않는다. 모든 감각과 의식은 죽음과 동시에 사라지며 따라서 죽음은 쾌락도 고통도 아니다."

파르메니데스의 일자나 플라톤의 이데아는 자연에 속한 것이 아니었기에 오직 추상적 사고, 즉 이성을 통해서만 깨달을 수 있는 진리였다. 반면에 원자론의 일자는 자연의 일부이다. 따라서 원자 가설은 경험적 관찰을 통해 검증할 수 있다. 과학이 발전한 이유는 자연을 이해할 때 단순히 추상적 논리의 정합성에 만족하지 않고, 아무리 합리적으로 보이는 생각이라 할지라도 실험과 관찰을 통해 모든 가설을 하나하나 혹독하게 검증해 나갔기 때문이다. 물질이 원자로 구성되어 있다는 고대의 생각은 수많은 과학자의 실험을 통해 현대 과학의 정설이 되었다.

만물이 원자로 구성되어 있을 뿐 아니라, 이 세상의 모든 현상을 원자들의 운동으로 설명할 수 있다는 점 역시 현대 과학의 가장 위대한 발견에 속한다. 한여름의 장마나 콜라＋멘토스 폭발과 같은 물리적 현상뿐 아니라 인간이 느끼는 복잡한 감정과 심지어 의식까지도 원칙적으로는 물질을 구성하는 기본 단위의 움직임으로 설명할 수 있다는 의미이다. 물리학자 리처드 파인만이 후세대에게 전해줄 가장 중요한 지식으로 '만물은 원자로 구성되어 있다'는 원자 가설을 꼽은 데에는 그만한 이유가 있다. 현대 과학의 모든 지식을 다 잃어버려도, 원자 가설만 붙잡을 수 있다면 과거 과학자들이 겪어온 수많은 시행착오를 줄여줄 것이다.

고대 원자론이 말하는 원자와 현대의 원자에는 커다란 차이가 존재한다. 우선, 원자는 단일한 일자가 아니라 그 종류가 118개에 달하고, 각각의 성질도 서로 다르다. 만일 우주에 수소만 존재했다면 밤하

늘에 반짝이는 별들만 있고, 지구와 같은 행성이나 생명은 존재하지 못했을 것이다. 질소, 탄소, 산소, 황, 인 등 서로 다른 원소들의 조합은 물, 암석, 종이, 천, 기름, 플라스틱, 반도체, 단백질, DNA, 세포, 바이러스 등 천차만별의 물질을 만들어낼 수 있다. 인간을 구성하는 원소들도 질량비로 보았을 때, 산소 61%, 탄소 23%, 수소 10%, 질소 2.6%, 칼슘 1.4%, 인 1.1% 그 외 마그네슘, 칼륨, 황, 나트륨, 철 등 90개에 달한다.

무엇보다, 원자들은 우주 역사의 산물이라는 점 역시 영원히 불변하는 원자를 가정했던 고대인들의 생각과는 큰 차이를 보인다.

팽창하는 우주

1929년에는 과학사에 커다란 전환점이 있었다. 미국의 과학자 에드윈 허블Edwin Hubble 이 외부 은하의 후퇴 속도가 거리에 비례한다고 발표한 것이다. 우주가 팽창하고 있음을 보여주는 증거였다. 우주는 정적인 상태에 있지 않았고, 운동하는 상태에 있었다. 즉, 우주는 진화한다는 이야기였다.

우주의 팽창은 이미 허블의 발견 이전에 이론적으로 예측된 일이기도 했다. 아인슈타인Albert Einstein 은 1915년에 발표한 일반상대성이론에 근거하여 우주의 구조를 기술하는 방정식을 만든 적이 있었다.

그는 방정식을 풀고 나서 중요한 사실을 깨닫는다. 우주는 안정한 상태에 머물 수 없다는 것을. 전자기력은 인력과 척력이 서로 상쇄할 수 있지만, 중력의 방향은 항상 비대칭이다. 거시적인 관점에서 우주를 지배하는 힘은 중력이고, 힘이 비대칭적으로 작용하는 상황에서는 우주가 안정한 상태에 머물 수 없었던 것이다. 결국 우주는 한 점으로 붕괴해야 할 것이었다. 이 결론에 당황한 아인슈타인은 중력을 상쇄할 수 있는 항을 방정식에 집어넣고, 우주를 정적으로 만들었다. 그것이 그 유명한 우주 상수였다. 하지만 우주 상수는 당시의 과학 지식 내에서 아무런 근거가 없던 고육지책에 불과했다.

러시아의 물리학자 알렉산드르 프리드만Alexander Friedmann 과 벨기에의 천문학자 조르주 르메트르George Lemaitre 는 1920년대 초중반에 각각 독립적으로 아인슈타인의 상대성이론으로부터 새로운 사실을 발견했다. 시공간의 시작에 해당하는 특이점에서 우주가 팽창할 수 있음을 보인 것이다. 더 나아가 르메트르는 외부 은하의 스펙트럼에서 종종 적색 이동이 발견되는 이유는 현재의 우주가 팽창하기 때문이라고 주장했다. 프리드만과 르메트르의 발견을 귀담아듣는 사람은 거의 없었다. 당시 천문학계의 황제로 불렸던 아서 에딩턴Arhur Eddington 은 르메트르가 보낸 원고를 서랍 속에 처박아 두었고, 심지어 1927년 솔베이 학회에서 르메트르를 만난 아인슈타인은 이렇게 말했다고 전해진다. "당신의 계산은 정확하지만, 당신의 물리는 끔찍하군요abominable ."

영원하고 정적인 우주에 관한 믿음은 신이 불변한다는 믿음만큼이나 확고했다. 영원한 우주는 과학적으로도 가장 쉽고 단순한 가설이다. 우주가 영원 전부터 영원 후까지 그 모습이 변하지 않는다면, 우리는 굳이 우주의 현 모습을 설명해야 할 이유가 없다. 우주에 왜 수소가 있고, 헬륨이 있으며, 탄소가 있는지 질문할 필요도 없다. '원래 우주가 그랬다'라고 생각하면 그만이다. 생명의 기원에 관하여도 고민할 필요가 없다. 우주에는 원래 영원 전부터 생명이 있었다고 생각하면 그만이다. 무엇보다 우주의 기원에 관해 고민할 필요가 없다. 우주는 원래부터 있었다.

하지만 프리드만과 르메트르의 방정식이 예측하는 바와 같이 우주에 시작점이 있었다면, 우리는 다음과 같은 수많은 질문과 부딪쳐야 한다. 애초에 우주의 시작점은 왜 존재했는가? 시작점에서 우주는 어떤 상태에 있었는가? 그때에도 자연의 물리법칙은 현재와 동일한 방식으로 작동했을까? 수소, 헬륨, 탄소, 질소, 산소, 규소, 철 등의 각종 원소들은 언제 그리고 어떻게 생겨난 것인가? 별, 은하, 행성 등은 어떻게 만들어졌는가? 생명은 어떻게 탄생했는가?

여러 과학자들은 이런 질문들, 특히 첫 번째 질문이 비과학적이라고 생각했다. 우주에 시작점이 있어야 할 과학적 필연을 찾을 수 없었기 때문이다. 그렇다면 이 우주는 그저 '우연히' 생겨났단 말인가? 이는 마치 신화에서 말하는 신의 우주 창조를 연상시킨다. 소련의 공산주의자들은 그들의 유물론과 빅뱅 우주론은 맞지 않는다고 생각하여 자국 출신의 프리드만의 업적을 평가절하했다.

케임브리지 대학교 교수였던 프레드 호일^{Fred Hoyle} 역시 우연이라는 개념은 과학에서 받아들일 수 없다고 생각한 과학자였다. 그는 우주의 존재를 다시 필연으로 만들기 위해 1948년 정상 우주론을 제시한다.

그의 생각은 이랬다. 우주의 총 질량이 일정하다면 우주가 팽창함에 따라 우주의 밀도는 낮아질 것이다. 이는 우주의 모습이 변한다는 의미이다. 그렇기 때문에 우주의 공간이 팽창하더라도 우주의 밀도가 변하지 않고 일정한 상태를 유지하기 위해서는 팽창하여 새롭게 생긴 공간에 물질 역시 새롭게 생성되어야 한다. 그래서 호일은 새로운 공간에 양성자가 생겨난다고 가정했다. 우주가 공간적으로 무한하다면, 은하 사이의 공간이 팽창해도 어차피 무한한 것이기에 새로운 물질이 새로운 공간을 채워 밀도만 일정하게 유지할 수 있다면 우주의 모습은 영원 전부터 영원 후까지 그 모습 그대로를 유지할 수 있을 것이었다.

호일은 지구에서 생명이 우연히 탄생했다는 생각에도 반대했다. 그는 생물학 지식이 부족한 사람이었다. 그의 관점에서는 물질에서 시작한 생명의 자발적 탄생이란 고철 덩어리를 토네이도가 휩쓸고 지나갈 때 우연히 보잉747기가 생겨난 것과 같은 가능성 없는 우연이었다. 결론부터 말하자면, 이는 생명의 탄생 과정을 그저 무작위적 화학작용으로만 생각한 잘못된 논증이다. 어쨌든 그는 우주뿐 아니라 생명에도 영원성과 필연성을 부여하고 싶어 했다. 그래서 그 유명한 판스페르미아ᵖᵃⁿˢᵖᵉʳᵐⁱᵃ 가설을 제시한다. 우주에는 미생물 형태의 생명이 영원 전부터 편만하게 존재해 있었고, 이들이 소행성 등에 서식하고 있다가 어느 날 지구에도 생명체가 전달되어 왔다는 주장이다.

우주의 모습에 영원히 변함이 없다고 말하는 정상 우주론은, 우주가 조밀하고 작은 한 점에서 팽창하여 오늘날까지 계속 진화해 왔다고 말하는 빅뱅 우주론에 격렬하게 대항했다. 빅뱅ᵇⁱᵍᵇᵃⁿᵍ이라는 용어는 재미있게도 프레드 호일이 "저 미치광이들은 우주가 크게 꽝하고 터져서 시작되었다고 말한다"라는 식으로 상대편을 조롱할 때 쓴 말이었다. 빅뱅 우주론에 앞장섰던 러시아 출신의 천체물리학자이자 프리드만의 제자였던 조지 가모프ᴳᵉᵒʳᵍᵉ ᴳᵃᵐᵒʷ는 이 천박한 용어가 무척이나 마음에 들었고, 덕분에 빅뱅이라는 용어는 현대 우주론을 지칭하는 정식 용어로 정착하게 되었다.

영화 〈두 교황〉의 베네딕토 16세와 프란치스코 사이의 논쟁처럼 두 개의 서로 다른 우주관은 한동안 평행선을 달렸다. 호일의 우주는 성숙한 성인이 그 모습과 정체성을 바꾸지 않고 영원히 지속되는 모습이라면, 빅뱅 우주론의 우주는 수정란에서 시작하여 갓난아기로 태어나 청소년, 성인, 노인으로 변화하는 모습에 해당한다.

20세기 중반 이후, 천문 관측 기술이 급속도로 발달하면서 정상 우주론의 논리는 무너지기 시작했다. 새로운 첨단 망원경들은 과거와 현재를 넘나들며 우주의 과거는 현재와 다르다는 점을 보여주었다. 예를 들어, 현재 우주는 온도가 2.73K에 불과한, 절대온도 0K (-273.15℃)에 가까운 차디찬 공간이지만, 과거의 우주는 매우 조밀하고 뜨거웠다는 것을 우주배경복사의 존재가 알려주고 있다. 허블 우주망원경으로 본 100억 년 전의 은하도 현재 우주의 은하와 비교할 때, 질량이 작고 모양도 불규칙함을 보여주고 있다. 호일의 생각은 틀렸다.

얼어붙은 빛

변하는 것은 우주만이 아니다. 우리는 물질의 성질도 계속 변하는 모습을 일상에서 관찰한다. 한 예로, 쇠는 잘 관리하지 않으면 녹이 슨다. 나무는 불에 타면 재가 된다. 물은 온도에 따라 기체, 액체, 고체 상태로 그 모습을 바꾼다. 인간의 몸도 성장하고 늙어간다. 하지만 이렇게 외적인 모습은 바뀔지라도, 고대 원자론자들이 이미 통찰했듯이, 이 모든 변화는 원자들의 운동으로 설명할 수 있다. 물질의 기본 단위인 원자들 자체는 영원하고 변함이 없는 듯 보인다.

연금술의 실패는 원자들이 자신의 성질을 바꾸지 않는다는 점을 보여준 한 예이다. 연금술사들은 철과 같은 금속에 많은 열과 압력을 가하면 금을 만들 수 있으리라 믿었지만, 그 모든 실험은 실패로 끝났다. 화학자들은 결국 한 원소가 다른 원소로 바뀔 수 없다는 결론을 내린다. '원자는 영원한 일자'라는 고대의 개념을 확증해 주는 듯 보인다. 하지만, 이 결론은 지구라는 제한된 환경에서 이루어진 실험으로부터 유추된 것에 불과하다. 지구를 벗어나 우주적 스케일로 우리의 시야를 넓히면 이야기가 달라진다.

무엇보다 빅뱅의 시작점에는 원자들이 아예 존재하지 않았다. 빅뱅 우주론이 말하는 바와 같이 우주의 모든 에너지가 한 점에 모여 있었다면, 온도가 10^{32}K 이상에 달할 만큼 높았을 것이다. 에너지가 충분히 높은 빛은 자발적으로 물질과 반물질을 생성하곤 한다. 반물질이란 우리 우주를 구성하고 있는 물질과 모든 성질이 동일하지만, 전하만 반대인 물질을 의미한다. 예를 들어, 전자의 반물질인 반전자는 전자와 모든 성질이 같지만, 양의 전하를 가지고 있다. 물질과 반물질이 충돌하면 다시 빛이 된다.

빛과 물질은 이렇게 동전의 양면과 같다. 이는 아인슈타인이 특수 상대성이론을 통해 밝혀낸 중요한 사실이다. 빛의 기본 단위인 광자 하나의 에너지가 질량이 m인 입자의 정지질량에너지$^{E=mc^2}$의 두 배에 달하면, 그 광자는 입자와 반입자를 자발적으로 만들어낼 수 있다. 일례로, 빛의 온도가 10^{10}K 이상이면 전자와 반전자 생성이 가능하고, 10^{13}K 이상이면 양성자와 반양성자 생성이 가능하다. 오늘날의 지구에서 빛과 물질이 동전의 양면이 아니라 서로 아무런 상관이 없어 보이는 이유는 가시광선이나 자외선같이 일상적으로 접하는 빛의

에너지가 입자들의 정지질량에너지에 비해 너무 낮기 때문이다. 참고로 태양의 표면 온도는 약 6,000K에 불과하다.

빅뱅 직후 우주는 빛이 물질과 반물질을 만들어냈고, 물질과 반물질은 충돌하여 빛이 되는 과정이 끊임없이 반복되는 상황에 있었다. 이때 생성된 물질과 반물질은 주로 쿼크, 전자, 중성미자와 같은 기본 입자들이었다. 풍선 속의 뜨거운 공기가 팽창하면 온도가 떨어지듯이, 우주도 팽창하면서 빛과 물질의 온도가 급격히 떨어졌다. 어느 순간부터 빛은 더 이상 물질과 반물질을 생성하지 못했다. 그리고 그 전에 생성된 물질과 반물질은 충돌하여 빛으로 사라졌다. 이때 만일 물질과 반물질의 양이 한 치의 오차도 없이 동일하다면, 우주에는 모든 물질이 사라지고 오직 빛만 남게 되었을 것이다. 하지만, 우주는 그렇게 완벽하지 않았다. 물질과 반물질 사이의 대칭성이 깨진 것이다.

빛이 물질과 반물질을 쌍으로 만들어내는 이유는 전하(물체가 띠고 있는 정전기의 양)가 보존되어야 하기 때문이다. 빛의 전하량은 0이다. 따라서 물질이 양의 전하를 띠고 있다면, 음의 전하를 가진 반물질이 있어야 총 전하가 0이 될 수 있다. 하지만, 초기 우주에서 둘 사이의 대칭성은 아주 미세하게 깨졌고, 빛은 물질을 반물질보다 약 10억 분의 1이라는 미세한 차이로 더 많이 만들어냈다.

반물질은 물질과의 충돌로 모두 빛으로 바뀌면서 사라졌다. 대칭성에서 일탈한 물질들, 즉 10억 분의 1만큼 반물질보다 많이 생성된 물질은 살아남아 별과 은하를 만들었다. "일탈은 창조의 근원"이라고 말한 원자론자 루크레티우스의 통찰은 물질의 기원을 설명할 때에도 이렇게 빛을 발한다.

물질과 반물질 간의 대칭성이 깨진 이유는 아마도 CP 위반°이라고 불리는 물리현상과 관련 있으리라 추측된다. 이렇게 대칭성이 깨졌다고 해서 물리법칙에 어긋난다는 의미는 결코 아니다. 자연에서 발생하는 모든 현상은 아무리 신기해 보여도 모두 물리법칙에 따른 일이다. 국부적 비대칭은 오히려 자연에서 흔히 발견되는 현상이다. 당신의 눈도 짝눈이지 않은가? 플라톤과 같은 고대 그리스인들에게 아름다움과 진리는 정다면체와 같이 완벽한 대칭을 보여주는 기하학적 완전함이었다. 하지만 그런 아름다움은 정지화면과 같이 박제된 진리일 뿐 새로움을 창조할 수 있는 진리가 아니다.

물질은 얼어붙은 빛이다. 즉, 물질은 우주의 변화에 따라 발생한 현상이다. 쿼크나 전자와 같은 기본 입자들도 불변의 일자가 아니라, 마치 물 분자가 낮은 온도에서 고체로 얼어있는 것과 같은 하나의 물리적 상태라는 뜻이다.

° CP violation. 물리법칙은 전하(charge)가 바뀌거나 거울에 비친 세계(parity)에도 동일하게 적용되어야 함에도 불구하고 그 대칭성이 깨지는 현상을 말한다.

원자, 역사적 현상

빅뱅에서 살아남은 물질은 쿼크, 중성미자, 전자와 같은 기본 입자들 그리고 아직 정체를 잘 모르는 암흑물질이었다. 우주가 팽창을 지속하면서 온도가 10^{12}K 밑으로 떨어지면 쿼크들은 강한 핵력에 의해 뭉쳐져 양성자와 중성자가 되고, 더 많은 시간이 지나면 양성자와 중성자들의 일부는 융합하여 헬륨의 원자핵을 만든다. 빅뱅 이후 3분이 지나면 암흑물질과 중성미자를 제외한 물질들은 대부분 전자, 양성자 그리고 헬륨의 원자핵으로 구성된다.

빅뱅 이후 1억 년이 지나면 별이 탄생한다. 열역학 법칙에 따르면 별은 무한히 빛날 수 없다. 언젠가는 죽는다. 즉, 별은 진화한다. 별의 진화에서 중요한 역할을 하는 물리적 과정 중 하나가 바로 핵융합이다. 지금 이 순간에도 태양의 중심부에서는 수소 네 개가 결합하여 헬륨을 만드는 수소핵융합이 일어나고 있다. 겨울 하늘의 대표적 별자리인 오리온 자리에서 붉고 밝게 빛나는 별인 베텔게우스 내부에서는 헬륨 세 개가 결합해 탄소를 만드는 과정이 진행 중이다. 이렇게 다양한 별의 내부에서는 그 진화 단계에 따라 탄소, 질소, 산소, 네온, 마그네슘, 규소, 황, 인 등 다양한 원소가 생성되고 있다.

별의 일부는 죽는 순간 초신성으로 폭발한다. 그 순간에도 격렬한 핵융합 반응이 발생하여 철, 구리, 아연과 같은 금속을 만들기도 한다. 초신성으로 폭발한 별의 중심부는 소위 말하는 중성자별이 된다.

중성자별은 구성 성분의 대부분이 중성자인 별로서 질량이 태양의 약 1.4배에 달하지만, 반경은 10km에 불과하기에 그 밀도가 원자핵만큼이나 높다. 이 중성자별 두 개가 충돌하면 내부의 중성자들이 방출되면서 폭발적인 핵합성을 일으키고, 금이나 백금 등과 같이 철보다 무거운 금속과 팔라듐, 이트륨, 우라늄 같은 희토류 원소들을 만들어낸다.

별에서 만들어져 우주로 방출된 원소들은 새로운 별의 재료가 된다. 이렇게 별과 물질의 순환이 반복됨에 따라 우주 공간에 포함된 탄소, 질소, 산소, 철 등 행성과 생명에 필수적인 원소들의 양도 시간이 지나면서 점점 늘어나게 된다. 수소와 헬륨만 있었던 유아기 우주의 시절에서는 생명을 기대할 수 없었다. 태양과 지구는 우주의 나이가 92억 년일 때, 즉 우주가 충분히 성숙해진 시점에 만들어졌다. 그로부터 약 10억 년 후, 지구에 미생물이 등장했고 46억 년이 지나 인류가 탄생했다. 인간은 이렇게 별이 남겨놓은 먼지로 만들어진 존재이다.

천문학적 관점에서 원자와 인간은 모두 우주의 진화 과정에서 발생한 시간의 산물이자 역사적 현상이다. 마치 고구려, 신라, 고려, 조선, 대한민국이라는 나라가 역사적으로 발생한 현상과 다르지 않다. 어떤 현상은 불안정하기에 금방 사라지지만, 어떤 현상은 매우 안정적이어서 오래 지속된다. 한 예로, 진시황에 의해 통일된 진나라는 불과 15년 만에 멸망한 반면 동로마제국은 1,000년이라는 시간을 버텼다. 원자는 인간에 비해 훨씬 더 안정적인 시스템이다. 중성자와 더불어 원자의 기본 핵자인 양성자는 반감기°가 10^{34}년 이상일 것으로 추정된다. 길어봤자 생명이 불과 100년에 불과한 인간에 비하면 매우 길다. 하지만 대한민국, 인간, 원자 모두 역사적 산물이자 시간적으로 유한한 현상이라는 점에서는 다르지 않다.

지속시간이 긴 현상에 질서, 찰나적 현상에 무질서라는 개념을 대입시키는 것은 다수를 정상, 소수를 비정상이라고 생각하는 것과 다를 바 없는 인간의 가치판단일 뿐이다.

불변, 혹은 가변의 법칙

빅뱅 이후 우주 진화의 모든 과정은 물리법칙이 결정해 왔다. 원소가 합성되는 과정, 화학작용을 통해 각종 분자가 만들어지는 과정 그리고 생명의 탄생과 진화에 이르기까지 모든 것이 물리법칙에 따른 결과이다. 재미있는 사실은, 현재 우주에 적용되는 물리법칙의 구체적인 성질조차도 시간의 산물임을 빅뱅 이론이 암시한다는 점이다. 우주를 지배하는 네 종류의 힘인 중력, 강력, 약력, 전자기력의 성질은 빅뱅이라는 사건을 통해 결정되었다는 의미다.

아직은 검증이 필요한 이야기이지만, 물리법칙의 성질이 반드시

° 방사선 물질의 양이 처음의 반으로 줄어드는 데 걸리는 시간을 뜻한다.

우리가 알고 있는 방식이어야 할 이유는 없다. 예를 들어, 중력의 세기를 정하는 중력상수값이 $6.67 \times 10^{-11} J \cdot m/kg^2$이고, 빛의 속도가 초속 30만 km인 것은 수많은 가능성 중 하나가 어쩌다 보니 우리가 살고 있는 우주에서 실현된 것이라는 뜻이다. 주사위를 던질 때, 1부터 6까지 모두 나올 수 있지만 특정 순간에는 그중 한 경우만 실현되는 것과 같다. 중력상수나 빛의 속도 같이 물리법칙의 성질을 결정하는 상수들은 지금과는 전혀 다른 값을 가질 수도 있었다.

아마 끈이론과 다중우주이론이 주장하듯 우리 우주 밖에 또 다른 우주가 있다면 각각의 우주에는 모두 다른 방식의 물리법칙이 적용되고 있을 것이다. 한국, 프랑스, 베트남, 독일, 호주, 러시아, 중국 등 지역마다 자연환경과 사람들의 모습이 다르듯, 물리법칙의 차원에서 풍경이 다른 우주들이 존재할 수 있다는 의미다. 중력이 너무 약해서 별이 없고 수소 기체만 가득한 우주, 혹은 그 반대로 중력이 너무 강해서 모든 물질이 블랙홀로 붕괴한 우주, 물질은 없고 반물질만 존재하는 우주 등 상상할 수 있는 모든 가능성이 다른 우주에서는 실현되었을지 모른다.

영원에 대한 믿음을 놓지 않는 이들은 여전히 이런 질문을 던질 것이다. 설사 빅뱅의 순간에 이 힘의 성질이 결정되었다고 하더라도, 일단 이렇게 결정된 법칙은 불변하고 미래에는 영원히 유효하지 않을까? 신이 태초에 정한 창조질서는 완전하기에 그 이후에 보이는 변화는 신의 뜻에 따른 질서가 변한 것이 아니라 타락이라고 보는 시각

우주의 진화한 모습

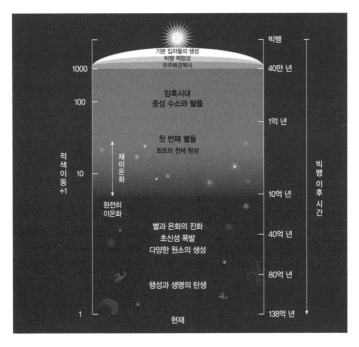

과 맥을 같이하는 생각일 것이다.

　적어도 빅뱅 이후 현재까지 138억 년 동안 물리법칙의 성질이 바뀌지 않았다는 점은 여러 연구를 통해 확인할 수 있다. 하지만 현재의 물리법칙이 먼 장래에도 영원히 오늘날과 같은 방식으로 유지된다고 생각할 이유가 현재로서는 없다. 최근의 발견에 따르면 현재 우주의 팽창은 가속적으로 빨라지고 있다. 이런 가속 팽창이 멈추지 않고 지속된다면, 약 220억 년 후에는 은하들 사이의 공간뿐 아니라 별과 행성도 공간의 팽창으로 인해 해체될 것이고, 심지어 원자들도 파괴되어 쿼크로 분해될 것이다. 이런 극단적인 상황에 도달했을 때, 혹은 그 이후 더 많은 시간이 지났을 때에, 우주를 지배하던 힘들의 성질이 어떻게 바뀌게 될지 아직 아무도 모른다.

우주가 팽창하다가 다시 수축할 가능성도 아직 완전히 배제하기 힘들다. 만일 우주가 수축하여 다시 한 점으로 몰리게 된다면 빅뱅의 초기 상황이 반복될 것이다. 한계점에서 우주가 빅뱅을 반복한다면, 그때 새롭게 결정된 물리법칙의 성질은 지금과 달라질 수도 있다. 환경에 따라 물질의 상태가 기체, 액체, 고체로 바뀌듯 현재 우주의 물리법칙 역시 시공간의 특수성에 따라 결정된 하나의 상태에 불과할지도 모른다는 뜻이다.

우주는 진화한다. 고로 내가 존재한다

그렇다면 우주는 무엇일까? 어떤 개념을 정의하는 일은 생각만큼 단순하지 않다. 일례로 생명을 정의할 수 있을까? 일반적으로 자기복제, 신진대사, 환경 변화에 대한 적응력 등은 생명을 정의할 때 언급되곤 한다. 그런데 이런 정의를 엄격하게 적용하면, 번식능력이 없는 어린아이나 노인들은 생명이 아니라 그저 생명의 잠재력이 아직 발현되지 못했거나 소진해 버린 불완전한 존재로 전락한다.

우주 역시 생명이 부재했던 130억 년 전의 과거와 생명을 품고 있는 현재는 서로 다른 모습을 하고 있다. 결국 우리는 우주를 이해하기 위해 우주 전체의 역사를 들여다볼 수밖에 없다. 우주의 모든 사물은 역사적 산물이기 때문이다. 현대천문학은 존재의 변화가 타락이기는커녕, 오히려 존재는 변화의 열매라는 것을 깨닫게 한다.

금이라는 원소 하나의 존재를 위해서도 별의 탄생과 진화, 초신성 폭발, 중성자별의 형성, 중력파 방출에 따른 중성자별의 충돌 그리고 당시 발생한 폭발적 핵융합 등 수많은 일련의 사건이 필요했다. 금을 정의하기 위해 '원자번호 79, 끓는점 2,700℃'라는 식으로 물리적 성질만 따지는 것은 어떤 사람을 설명할 때 "키 170cm, 몸무게 60kg, 나이 30세, 직업 공무원"이라고 말하는 것만큼이나 빈약하고 무미건조한 일이다.

우리 인간의 몸도 전 우주의 역사를 기억하고 있다. DNA의 구성성분인 수소, 탄소, 질소, 산소, 황, 인은 모두 빅뱅과 별이 남겨놓은 먼지들이다. 눈과 팔다리는 각각 두 개씩이며 손가락이 발달하고 직립보행을 하며, 사랑과 미움, 용기와 두려움, 호기심과 외면, 측은지심과 폭력, 놀라운 문제해결 능력과 엉뚱한 어리석음 등의 복잡한 본성을 갖게 된 것 역시 지난 46억 년의 생명 진화를 통한 장엄한 역사의 결과이다. 인간은 곧 우주 역사의 체현이다.

빅뱅 우주론은 우리가 살고 있는 우주의 물리법칙과 물질들이 '의식'의 가능성까지 품고 있었다는 사실을 깨닫게 한다. 놀라운 일이다.

그리고 그 가능성의 발현을 위한 모든 필요조건이 지구라는 작은 곳에서, 소행성과 혜성의 충돌, 달의 형성, 화산 폭발, 지진, 태풍 등 46억 년 동안 발생한 크고 작은 무수한 사건들을 통해 우연히 충족되었다는 사실 역시 경이로운 일이다. 먼 장래에는 우주의 모든 별이 다 소멸할 것이며, 별빛에 의존해 살아가는 인간과 생명도 소멸할 수밖에 없을 것이다. 너무나 아쉽고 공허한 일이다.

이 공허함을 달래기 위해 역사에 목적론적인 의미를 부여하는 사례가 종종 있다. 현재의 우주는 아직 미완성의 상태에 있고, 생명의 진화를 포함한 전 우주의 역사는 신의 뜻을 성취하기 위한 과정으로써 그 정점에 '의식'이 있다는 식의 생각이다. 이런 지나친 의미 부여와 목적론적 사고는 자연의 질서에 도덕적 가치를 부여하는 유혹에서 벗어나기 어렵다는 점에서 부적절해 보인다. 한 예로, 아리스토텔레스는 인간의 온전한 형상은 남성에게서 이루어졌고, 여성은 남성이 되려다 만 존재, 즉 사물의 목적을 이루지 못한 존재라고 생각했다. 어린아이나 노인을 온전한 인간으로 보지 않고 미완성의 존재이거나 퇴물이라고 여기는 그릇된 가치관도 다를 바 없다.

하지만, 비록 인간이 우주의 목적은 아닐지라도, 삐뚤빼뚤한 치열과 짝짝이 눈을 가진 인간에게서 우연히 나타난 의식의 발현을 우주 역사의 특이점이라 부르자고 한다면 어떨까. 이 정도 수준의 의미 부여는 눈부신 과학적 성취를 통해 빅뱅을 발견한 인간에게 스스로 줄 수 있는 적절한 보상이 아닐까 싶다. 우리 각자에게 주어진 시간은

100년이 넘지 않는다. 하지만 그 100년을 위해 138억 년의 역사가 필요했다. 이 짧은 특이점을 누리며 살아가는 기회를 얻었다는 사실에 경외와 감사를 느낄 수 있는 것은 이 광활한 우주에서 오직 인간처럼 의식을 지닌 존재에게만 주어진 특권이다.

노명우
사회학자

2장

당신은 혼자가 아니다

지구의 역사에 관한 책을 펼쳐든 날이었다. 머리가 어질어질해졌다. 생각할 수 있는 범주를 넘어선, 그래서 상상할 수 없었던 긴 세월을 지구가 간직하고 있음을 새삼 확인했기 때문이다. 한 인간이 구체적으로 상상할 수 있는 시간의 스케일은 고작해야 100년을 넘지 못한다. 1만 년도 아니고 1,000년도 아니고 고작 100년을 시간 단위로 묶어 세기世紀라 부르는 이유도 이와 무관하지 않을 것이다. 우리가 얼굴을 기억하고 있는 조상인 부모 혹은 조부모까지 염두에 둔다 해도 인간이 사적으로 알고 있는 인물과 연결시켜 구체적으로 상상할 수 있는 시간의 범위는 200년을 넘기 힘들다.

우리가 살고 있는 지구의 역사는 시간에 대한 인간의 감각을 넘어선다. 지금으로부터 약 45억 년 전, 태양이 만들어지고 가스와 먼지가 결합하더니 태양에서 세 번째로 가까운 행성 지구가 등장했다(지구 나이에 대한 의견이 분분하나, 나는 45억 년으로 이야기하고자 한다). 거대한 암석이 지구와 충돌했고, 이 충돌로 달이 만들어졌다. 인간이 100년을 산다고 가정해도, 지구의 나이 45억 년을 세기, 즉 100년 단위로 환산하면 45만 세기이다. 이 글을 쓰고 있는 지금 현재는 서기로 환산하면 2021년, 세기로 바꾸면 고작 21세기인데 말이다.

생명체는 지구가 만들어지고 난 한참 후에야 지구에 등장했다. 지구가 만들어지고 40억 년 이상의 세월이 흐른 후 파충류는 3억 1천만 년 전에야 지구에 등장했고, 포유류는 2억 2천만 년 전에 나타났다. 영장류는 파충류와 포유류가 등장한 시점으로부터 아주 한참 후인 6600만 년 전부터 지구에 거주하기 시작했다. 우리 인간은 구세계 원숭이와 2500만 년 전에 갈라졌다. 긴팔원숭이와는 1800만 년 전에, 오랑우탄과는 1400만 년 전에, 고릴라와는 800만 년 전에, 침팬지와는 대략 600만 년 전에 갈라졌다. 600만 년 전 이후 우리와 침팬지는 완전히 다른 생명체가 되었다. 우리 인간은 600만 년 전에 갈라진 침팬지를 동물원에 가뒀고, 그들을 동물이라 명명하고 동물 침팬지를 구경한다.

기원전 400만 년 전, 두 발로 걷는 유인원 오스트랄로피테쿠스가 출현했다. 두 발로 걷는다는 점에서 오스트랄로피테쿠스는 우리 인간의 조상인 것처럼 보이지만, 우리의 조상이라고 할 수 있는 호모는 오스트랄로피테쿠스가 등장한 이후 200만 년이라는 세월이 흘러야 등장한다. 그 200만 년 이후 호모 하빌리스-호모 에렉투스-호모 하이

인간의 진화 과정

오스트랄로피테쿠스   호모 하빌리스   호모 에렉투스   네안데르탈인   호모 사피엔스

© shutterstock

델베르겐시스와 네안데르탈인을 거쳐야만 우리의 직접적인 조상 호
모 사피엔스가 등장한다. 아주 넉넉히 잡아봤자 겨우 20만 년 전의
일이다.

지구가 만들어진 지 4,500,000,000년의 세월과 호모 사피엔스가
등장한 200,000년을 대비하면 우리 호모 사피엔스가 얼마나 현대적
존재인지 분명해진다. 45억 년과 20만 년을 비교하기 위해 계산기를
두드리다가 아라비아 숫자 0을 몇 번이나 입력해야 45억을 만들 수
있는지 번번이 헷갈렸다. 4,500,000,000. 이런 숫자를 우리는 금융
관계 종사자가 아닌 이상 계산기에 입력할 일이 없다. 호모 사피엔스
가 등장한 20만 년이 자그마치 2만 2,500번 되풀이 되어야 45억 년
이 된다. 20만 년을 45억 년으로 나누어 보았더니 0.000044444라는
숫자가 스마트폰에 표시되었다.

지구는 45억 년을 문자로 기록하지 않는다. 세월은 여러 가지 방법으로 적힌다. 인간이 역사를 기록하기 훨씬 이전부터 지구는 자신의 역사를 고유의 방법으로 남겼다. 지층은 지구가 자기의 역사를 기록하는 방법이다. 시간이 지나면서 땅 위에 땅이 쌓이고, 땅은 뒤틀리고, 바다였던 곳이 산이 되고, 애초에 하나였던 대륙도 바다를 사이에 두고 분리되기도 한다. 프랑스와 스페인 국경 사이에는 넓은 석회암 지대가 있는데, 프랑스 남서부 도르도뉴 지방의 라스코와 스페인 칸타브리아 지방의 알타미라 동굴 벽화가 발견된 그곳은 지구가 자신의 역사를 기록한 흔적을 찾아내기에 최적의 장소이다.

호모 사피엔스는 혼자가 아니였다

론강이 프랑스의 아르데슈Ardèche주의 석회암 고원지대를 흐른다. 석회암이 물과 만나면 물은 석회암에 시간의 흐름을 흔적으로 남긴다. 석회암은 물보다 단단하고 견고하다.

물은 비록 석회암보다 성질이 약하지만 세월의 힘을 얻으면 석회암에 자국을 새길 수 있다. 아르데슈주 론강 변의 작은 마을 발롱퐁다르크Vallon-Pont-d'Arc는 퐁다르크라는 관광지를 배후에 두고 있다. 론강은 퐁다르크를 관통하며 흐른다. 본래 석회암 바위가 론강을 가로막고 있었는데 물과 석회암이 만나는 세월이 축적되면서 석회암 바위

세월의 힘으로 생긴 퐁다르크의 구멍

© wikimedia

에 부딪혀 우회하던 강의 흐름이 바뀌었다. 이제 론강은 석회암 바위를 통과하며 흐른다. 한때 론강을 우회하여 흐르게 했던 석회암 바위는 마치 론강 위에 아치 모양으로 만들어진 다리처럼 보인다. 그래서 그 바위는 퐁다르크라는 이름을 얻었다.

퐁다르크에서 멀지 않은 아르데슈 협곡에 쇼베 동굴이 있다. 그 안에는 (비록 호모 사피엔스가 출현한 20만 년 전과는 비교할 수 없지만) 문자로 남겨진 것보다 더 과거로 거슬러 올라가는 3만 2,000년 전에 호모 사피엔스가 남긴 흔적이 있다. 우리가 느끼지는 못하지만 지구는 늘 꿈틀거린다. 짧은 시간 동안에는 확인할 수 없는 지구의 꿈틀거림은 시간의 스케일을 늘려 보면 그때서야 비로소 보인다. 호모 사피엔스가 쇼베 동굴에 처음 들어갔던, 즉 지금으로부터 3만 2,000년 전과 현재 사이에는 3만 년이 넘는 시간이 있다. 그 시간 동안 지구는 미묘하게 자신의 꿈틀거림을 표면에 새겼다. 3만 2,000년 전에 호모 사피엔스에게 열려 있던 쇼베 동굴의 입구는 3만여 년이 흐르면서 봉쇄되었다. 마치 타임캡슐처럼 입구가 봉쇄되어 있던 쇼베 동굴은 1994년 탐험가 장 마리 쇼베Jean-Marie Chauvet와 한 팀을 이룬 동굴 탐사대에 의해 발견되면서 봉인되었던 타임캡슐이 비로소 열렸다. 그 안에 3만여 년 전의 호모 사피엔스가 현재의 호모 사피엔스에게 보내는 메시지가 담겨 있다.

3만 년 전의 호모 사피엔스는 문자가 아닌 이미지로 우리에게 메시지를 남겼다. 다행이다. 만약 그들이 문자를 가지고 있었고 그것을 소통의 매개체로 사용하며 메시지를 기록했다면, 후세의 호모 사피엔스는 그것을 해독하기 위해 엄청난 노력을 기울여도 실패할 가능성이 매우 컸을 것이다. 우리에게 그런 수고를 덜어주려는 배려였는지 모르지만, 그들은 이미지로 메시지를 남겼다. 3만 년 전이면 기술도 없었을 테고, 그러니 거의 원시인에 가깝던 그들이 가지고 있는 능력은 참 보잘 것 없었으리라 생각하기 쉽지만, 그들이 이 동굴에 남긴 이미지를 보면 그 솜씨가 예사롭지 않다.

지구의 나이와 비교해 보면 호모 사피엔스의 역사는 찰나에 불과하지만, 그럼에도 호모 사피엔스가 이 지구에 거주하기 시작한 기간인 20만 년은 현대인의 시간 규모로는 상상하기 쉽지 않은 시간의 길이다. 20만 년 전의 호모 사피엔스와 현재의 호모 사피엔스를 관통하는 한 가지 공통점을 찾아낼 수 있을까? 우리가 문명과 기술적 진보라는 관념의 틀을 유지하고 있는 이상, 20만 년 전의 호모 사피엔스와 현재의 호모 사피엔스 사이에서 어떤 공통점을 발견하려는 시도 자체가 의미 없는 것으로 보일 수도 있다. 인간의 시간 감각으로는 상상하기 어려운 시간이 흘렀는데, 어찌 20만 년 전의 호모 사피엔스와 현재의 호모 사피엔스 사이에서 공통점을 찾을 수 있겠느냐고 항변할 수도 있다. 인간이 진보했다고 굳게 믿고 있다면 20만 년이라는 시간이 흐르면서 아무런 변화가 일어나지 않았다고 말할 수 없기 때문이다.

이런 질문을 간직한 채 쇼베 동굴 안으로 들어가 본다. 입구에 곰의 뼈가 널브러져 있는 큰 공간이 나온다. 곰이 동면했던 흔적도 보인다. 곰은 무른 석회암 동굴의 벽에 발톱으로 긁어댄 흔적을 남겼다. 곧 호모 사피엔스의 흔적이 등장한다. 이 쇼베의 동굴에는 동물뿐만 아니라 인간도 있었던 것이다. 누군가 동굴의 입구에 황토물을 도구 삼아 곰의 모습을 그렸다. 아주 단순한 선으로 그린 그림이지만 곰의 특징을 매우 잘 묘사한 덕분에 이 그림을 보자마자 우리는 곰이라는 것을 알아챌 수 있다.

어떤 호모 사피엔스는 스텐실 기법으로 자신의 손바닥 자국도 남겼다. 주먹을 쥐고 남긴 것도 있다. 경이롭다. 수만 년 전의 호모 사피

수만 년 전, 호모 사피엔스가 그린 사자와 들소가 묘사된 벽화

© wikimedia

엔스가 남긴 흔적이다. 누가 그렸는지는 모른다. 우리는 단지 3만 년 전에 살았던 호모 사피엔스 중 어느 누군가가 그렸다는 것만을 추정할 수 있을 뿐이다. 황토물로 그린 초보적인 그림을 지나 동굴의 안쪽으로 접어들면 수만 년 전의 호모 사피엔스는 유인원과 크게 구별되지 않는 야만적인 존재일 것이라는 막연한 가정을 무색하게 만드는 놀라운 그림이 연속적으로 등장한다. 기술적인 면에서도 예술적인 면에서도 보는 사람을 압도한다. 그곳은 단순한 동굴이 아니라 동굴에 있는 갤러리라 해도 과언이 아니다.

쇼베의 동굴에는 무수히 많은 동물의 그림이 그려져 있는데, 동굴 깊숙이 들어갈수록 그려진 그림의 테크닉이 심상치 않다. 그 누군가는 말과 사자를 그렸다. 그는 움직임을 표현하는 방법을 알고 있었다. 그는 말과 사자를 겹쳐 그렸다. 겹쳐서 그려진 동물은 움직임을 표현한다. 애니메이션의 효과를 그는 알고 있었던 게 분명하다. 그는 동일한 사물을 겹쳐 그리면 그 그림이 감상자에게 발휘하는 효과를 알고 있었던 것 같다. 어떤 행위가 어떤 결과를 낳을지 미리 알고 있었다는 점에서 그는 이성적 사유능력을 가지고 있었다고 평가할 수밖에 없다. 겹쳐 그려진 사자와 말은 마치 어느 한 방향을 향해 달려가는 것처럼 보인다. 바라볼수록 놀랍기만 하다. 예나 지금이나 천재는 있었나 보다. 그는 천재임에 분명하다.

하지만 갑자기 이곳은 어두운 동굴이라는 것을 깨닫는다. 3만 년 전에는 전깃불이 없었다. 그런데 이 뛰어난 천재는 어떻게 이곳에 이런 놀라운 효과를 발휘하는 그림을 그릴 수 있었던 것일까? 그리고 또 하나, 놓치지 말아야 할 사실이 있다. 쇼베의 동굴에 남겨져 있는 이 메시지는 평평한 도화지 위에 그려지지 않았다는 점이다. 이미지가 그려져 있는 동굴의 벽은 전혀 매끈하지 않다. 전기도 없는 컴컴한 동굴에서 매끈하지도 않은 동굴의 표면에 이 정도의 느낌을 줄 수 있는 그림을 그릴 수 있었다는 건, 그림으로 메시지를 남긴 이 사람의 능력이 대단했다는 것을 보여준다. 이 그림을 보고 있으면 어떤 한 사람의 능력을 생각하게 된다. 이 사람 정말 누구일까? 천재적 화가라고 부를 수 있는 능력을 갖춘 이 사람은 과연 누굴까? 그 사람이 지금 이 시대에 태어났더라면, 거장의 반열에 올랐을 텐데. 과연 그 사람은 누구일까?

그러나 이 벽화가 그려진 동굴의 환경을 고려한다면 홀로 그림을 그릴 수 없었다는 것은 분명하다. 누구인지 알 수 없는 이 뛰어난 사람은 쇼베의 동굴에 혼자 있지 않았다. 그 혹은 그녀는 혼자 있지 않았다! 선사 동물 그림으로 잘 알려진 화가 찰스 로버트 나이트^{Charles Robert Knight}는 동굴 벽화를 그리는 수만 년 전의 호모 사피엔스를 생각하며, 그들이 동굴 벽화를 그리는 장면을 상상하여 그림을 그렸다. 찰스 로버트 나이트의 그림을 통해 쇼베에서 그림을 그렸을 그(혹은 그녀)를 상상한다.

한 사람이 맘모스를 그리고 있다. 그는 실력이 뛰어난 듯 보인다. 그의 능력과 재능은 의심할 여지가 없다. 그의 재능이 우리가 쇼베에서 감상할 수 있는 놀라운 이미지를 만들어냈다. 그러나 그가 아무리 뛰어날지라도 혼자서 그림을 완성할 수는 없었다. 찰스 로버트 나이트는 동굴 벽화를 그리는 호모 사피엔스에 관한 그림을 그리면서 이 점을 놓치지 않았다. 그의 그림에는 여러 명의 호모 사피엔스가 등장한다. 곧추선 자세로 맘모스를 그리고 있는 한 사람의 뛰어난 호모 사피엔스를 위해 또 다른 호모 사피엔스는 등불을 밝혀주고 있다. 그리고 그 옆에는 또 한 명의 호모 사피엔스가 있다. 그는 울퉁불퉁한 동굴의 벽을 긁어내 평평하게 만드는 작업을 하고 있다. 동굴의 벽이 평평해야 그림을 그리는 사람이 더욱 수월하고 능숙하게 자신의 재능을 발휘할 수 있을 것이다. 그리고 그 사람 곁에 또 한 명의 호모 사피엔스가 있다. 그는 옆에 있는 사람이 동굴 벽을 제대로 긁어낼 수 있도록 어두운 동굴을 등불로 밝혀주고 있다. 그리고 또 한 사람, 그는 한켠에 서서 이들이 동굴 안에서 수행하는 협력의 과정을 지켜보고 있다. 그렇다. 그들은, 아니 우리 호모 사피엔스는 이미 3만 년 전에도 홀로 있지 않았다.

3만 년 전에도 그리고 지금도 홀로 존재하지 않았다는 점이 호모 사피엔스의 본질이다. 인간은 진화를 거듭하며 외양을 변화시켰다. 먼저 의식주가 바뀌었다. 입는 옷이 변했고, 현대의 인간이 먹는 음식과 3만 년 전의 호모 사피엔스가 먹는 음식은 확연히 다르다. 우리가 어둠을 밝히는 방법과 쇼베 동굴 속 호모 사피엔스가 어둠을 밝히는 방법은 같지 않다. 3만 년 전의 호모 사피엔스는 석회동굴의 벽을 긁어낸 다음, 그 표면에 황토물과 석탄으로 그림을 그렸다면, 현대의 인간은 펜슬로 아이패드 액정의 표면에 비물질적인 형태의 이미지를 그린다. 이러한 점에서 인간은 세월의 흐름과 함께 변화했다.

이처럼 인간이 존재하고 삶을 영위하는 구체적인 양태는 변화했지만, 만약 우리가 유동적인 양태를 관통하며 세월이 흘러도 변하지 않는 것을 본질이라고 정의 내린다면 인간의 본질은 단 하나의 문장으로 표현할 수 있다. 인간은 처음부터 쇼베 동굴에서도 그리고 지금도 홀로 존재하지 않는다. 당신은 혼자가 아니다! 인간은 원시시대부터 지금 우리가 살고 있는 이 시대까지 서로 상호의존적이었으며 이를 통해 지속적으로 진화해 왔다. 물리적 힘이 네안데르탈인에 비해 약했지만, 호모 사피엔스는 혼자가 아니었기에 결국 살아남았고 지구의 생태계를 장악했다. 이 점은 호모 사피엔스가 출현한 20만 년 전부터 현재에 이르기까지 결코 변하지 않은 사실이다.

1만 5,000년 전에 살았던 것으로 추정되는 인간의 뼈가 발견되었다. 쇼베의 동굴에 그림이 그려진 이후 1만 5,000년이나 지난 시간의 흔적이다. 학자들은 이 뼈에서 흥미로운 점을 발견했다. 유골로 발견된 1만 5,000년 전의 이 사람은 대퇴골 그러니까 넙적다리뼈가 부러진 적이 있는 것이다. 그는 한때 넙적다리뼈가 부러진 적이 있는데, 다행히도 회복 후 한동안 삶을 살다 사망한 것으로 추정된다. 다른 뼈도 아니고 넙적다리뼈다. 이 부위가 부러진 사람은 움직일 수 없다. 팔이나 다리가 부러진 것과는 사뭇 다르다. 넙적다리뼈가 부러졌다면, 꼼짝 없이 누워서 생활해야만 한다. 의사들에 따르면 부러진 뼈가 다시 붙기 위해서는 최소 6주라는 시간이 필요하다고 한다. 이 사람역시 그러했을 것이다. 42일 동안 꼼짝 없이 뼈가 붙기만을 기다려야 했을 것이다.

상상해 본다. 이 사람은 누워 있다. 혼자서는 먹을 것을 조달할 수없다. 누군가 도와줘야 한다. 만약 이 사람이 6주 동안 홀로 누워 있었다면, 결국 굶어 죽었을 것이다. 그런데 학자들은 그의 뼈를 분석한 끝에 뼈가 한 번 부러졌다가 다시 접합되고 난 이후, 삶을 살다가 세상을 떠난 것이라고 해석했다. 즉, 이 사람은 넙적다리뼈가 다시 붙는 데 필요한 6주라는 시간 동안 꼼짝 없이 누워 있었지만 굶어죽지는

© Unsplash

우리가 바이러스가 아닌 이상, 바이러스는 우리에게

단 하나의 문장으로 표현될 수 있는

인간의 본질을 일깨운다. 바이러스는 말한다.

당신은 혼자가 아니라고.

않았다는 뜻이다. 사람은 6주 동안 아무것도 먹지 않으면 살 수 없다. 이 사람이 6주 이상 아무것도 먹지 않고도 살아남았다는 해석보다는, 누군가 그 기간 동안 이 사람을 돌봐주었다는 해석이 더 그럴듯하다. 그렇다. 넙적다리뼈가 부러졌던 지금으로부터 1만 5,000년 전의 어떤 사람, 그는 혼자가 아니었다.

인간의 한계를 시험하다

시간을 훌쩍 뛰어넘어 1941년 러시아의 상트페테르부르크로 가본다. 러시아가 소비에트 공화국이었고, 현재의 상트페테르부르크가 레닌그라드로 불리던 때이다. 레닌그라드의 서쪽, 독일 베를린에서 히틀러가 정권을 장악하며 '생존공간 확보'라는 명목으로 주변국을 침공하기 시작하였다. 프랑스 파리까지 점령한 히틀러 군대는 폴란드를 수중에 넣더니 소비에트 공화국까지 굴복시키기 위해 침략 전쟁을 시작했다.

레닌그라드 코앞까지 진출한 히틀러 군대는 레닌그라드 봉쇄 작전을 펼쳤다. 8월 25일 레닌그라드와 외부를 연결하는 철도가 독일군의 공격으로 끊어졌다. 봉쇄되기 직전에 레닌그라드를 빠져 나온 63만 6,000명을 제외한 250만 명의 시민이 레닌그라드에 남았다. 레닌그라드와 외부를 연결하는 마지막 육상 연결 통로가 끊어지면서

도시는 완전히 고립되었다. 히틀러 군대는 레닌그라드를 포위하여 시민들을 굶주려 죽을 지경으로까지 몰아넣어 항복하게 만들려는 속셈이었다.

겨울이 시작되었다. 레닌그라드 시민들은 굶주리기 시작했다. 그나마 남아 있던 식량도 모두 떨어졌다. 봄과 여름이라면 땅이라도 일궈 채소라도 길러 먹었겠지만, 강과 바다까지 얼어붙는 러시아의 겨울이다. 봉쇄된 레닌그라드에서 굶주린 사람들이 죽어가기 시작했다. 가장 약한 사람이 맨 먼저 죽고, 노인과 아기, 그다음에 여자와 아이들이 죽었다. 어떤 사람은 책상과 기계 앞에서 죽었고, 길을 걷다 돌연 쓰러져 죽는 사람도 나타났다. 아직 죽지 않은 사람들은 송장같이 변했다. 봉쇄된 레닌그라드는 도시 자체가 위기에 봉착하게 되었다.

굶주림의 한계에 다다른 사람들은 어떻게 해야 할까? 그들은 악착같이 먹을 것을 찾았다. 기아와 궁핍에서 벗어나기 위해 온갖 방법을 동원했다. 가죽으로 만든 구두를 물에 불리고 끓여 그것이 마치 고기 수프라도 되는 양 먹기도 했다. 봉쇄되기 전이라면 절대 먹지 않았을 것도 봉쇄된 레닌그라드에서는 먹을 것이 되었다. 굶주림으로 쓰러져 죽은 사람이 길거리에 있어도 시체를 치우는 사람이 없었다. 모두가 굶주렸기에 시체를 옮길 만한 힘이 있는 사람이 드물었다. 아사한 시체가 길거리에 널브러져 있지만, 장례라는 의식을 통해 한 인간의 마지막에 예의를 표할 여유와 기력이 없는 곳이 봉쇄된 레닌그라드였다.

사람을 굶주림을 면하기 위한 수단으로 삼는 사람도 나타났다. 굶주렸기 때문이든 아니든 사람이 사람을 먹을 것으로 여긴다는 것은 인간의 경계를 넘어선 행동이다. 굶주림이라는 비상상황에서의 예외성을 강조하려는 이유였는지, 러시아에는 식인 행위를 나타내는 단어가 두 가지 있다. 트러포예드스타보 ^{trupoyedstvo}와 리유도예드스타보 ^{lyudoyedstvo}이다. 아무리 봉쇄된 상황이라 할지라도 살해 후 식인 ^{lyudoyedstvo}은 용서받을 수 없는 행동이다. 식인 목적으로 사람을 살해하는 것과 생존하기 위해 사체를 식량으로 삼는 것 ^{trupoyedstvo}은 분명 다르지만, 극한의 상황인 데다 시체였다고 하더라도 사람을 먹을 것으로 삼는 것은 용납될 수 없다. 굳이 두 가지 형태를 구별한다고 하더라도, 결국은 인간이 인간으로서 허용할 수 있는 범위 밖의 행동이다. 그들은 외부에서 레닌그라드로 이주해 봉쇄된 도시에서 홀로 생활하는 사람들이었다. 이들 중 더 극단적인 이기주의자들은 자신의 생명을 위해 타인의 생명을 앗아가는 극단적인 방법까지 서슴지 않았다.

봉쇄된 도시에 홀로 남겨진 사람들은 이런 극단적인 선택을 했지만, 홀로 남겨지지 않은 사람들은 달랐다. 비상상황에서도 인간다움을 지킨 사람들은 누군가와 함께 있는 사람들이었다. 그들은 협력을 통해 인간성을 지켰다. 그들은 혼자가 아니었다! 포위되고 봉쇄된 도시 속에 있었기에 그들 또한 인간의 경계를 넘은 사람들처럼 굶주리긴 마찬가지였으나, 그들은 결코 인간의 경계를 넘지 않았다. 사람들은 가족과 친척 그리고 친구와 함께 그 상황을 견뎠다. 땔감조차 없던 레닌그라드의 겨울 한파는 견디기에 고통스러울 정도로 혹독했으나 홀로 있지 않은 사람들은 서로의 온기로 체온을 나눴다. 일도 분담했다. 각자 할 수 있는 것을 해냈고, 상호 협력으로 서로를 의지하며 혼자서는 절대 해낼 수 없는 것을 해치웠다.

굶주림이라는 극단의 상황에 모든 사람이 노출되어 있어도 그로 인한 위험은 사람의 신체 상태와 나이에 따라 다르게 나타난다. 가장 먼저 노인이 굶주림에 굴복한다. 그들은 젊은 사람들보다 더 빨리 기력을 잃는다. 레닌그라드 시정부는 굶주린 사람들에게 최소한의 식량을 공급하기 위해 식량 배급카드를 나누어 주었다. 배급카드가 있으면 최소한의 식량은 확보할 수 있다. 하지만 시정부는 그 카드를 가가호호 방문하여 나눠주지 않았다. 카드가 필요하다면 직접 받으러 가야 했다. 그러나 굶주림으로 기력이 쇠한 노인은 집밖으로 나갈 수 없다. 만약 그 노인이 혼자라면 결국 아사할 것이다. 하지만 혼자가 아니라면 그의 가족이든 이웃이든 친구든 배급카드를 받아올 기력이 있는 누군가가 그를 대신해 배급카드를 수령해 올 수 있다. 그러면 그 노인은 비록 지금 당장은 굶주림으로 기운이 없겠지만, 배급카드도 받지 못해 아사하는 일은 면할 수 있을 것이다.

홀로 있는 사람은 언제 끝날지 모르는 굶주림, 언제 끝날지 모르는 비상상황을 견딜 수 없다. 봉쇄된 환경에서 고립된 사람은 굶주림으로 신체가 무너지기 이전에 그보다 더 빨리 정신적으로 붕괴될 수 있다. 정신적 무너짐을 신체적 붕괴보다 앞서, 심지어 홀로 맞이하는 사람은 아무런 죄의식 없이 인간다움을 포기한다. 반면 홀로 있지 않은 사람, 즉 누군가와 함께 있는 사람은 굶주림으로 인체의 신진대사가 무너지는 순간에도, 나아가 신진대사의 시스템이 붕괴된 지 한참이 지난 후에도 정신적 붕괴를 겪지 않는다. 동일한 고통을 겪고 있는 사람이 나 이외에도 또 있다는 사실, 나만의 고통이 아니라 우리 모두의 고통이라는 판단, 그 괴로움을 털어놓을 수 있고 그 과정에서 위로를 받을 수 있는 상황, 이 모든 것이 하나로 합쳐져 비록 신진대사가 붕괴되더라도 신체의 붕괴가 곧 정신의 붕괴로 이어지지 않도록 막아준다. 굶주림이 사람들을 인간성의 한계로까지 몰아붙여도 우리가 연대連帶라고 부를 수 있는 인간 사이의 친절, 돌봄, 상호성, 지원, 사리분별, 겸손 등의 덕목을 지키는 사람은 결코 인간성의 경계를 넘지 않았다.

사회복지라는 프레임의 형성

집단에 소속된 사람은 봉쇄된 상황에서도 자신의 인간성을 상실하지 않았던 반면, 집단에 속하지 못해 극단적 상황을 홀로 맞이한 사람은 사람의 경계를 넘어버렸다는 레닌그라드의 사례는 많은 점을 시사한다. 한 집단의 성원으로 받아들여지느냐 아니냐의 여부는 멤버십, 즉 성원권成員權의 확보에 달려 있다. 성원 지위를 획득하지 못한 사람은 실질적으로는 존재하더라도 어디에 소속되지는 못한 사실상 배제되어 없는 사람이 되고 만다. 이론적으로 호모 사피엔스는 홀로 존재하지 않았으나 특정한 상황 속에서 집단의 성원권을 확보하지 못한 사람, 즉 배제된 사람은 늘 있었다. 굶주리고 봉쇄된 도시에서 인간의 경계를 넘는 행위를 했던 사람은 사실상 그 사람을 성원으로 받아들여주는 그 어떤 집단도 없는, 홀로 내쳐진 존재였다.

봉쇄된 레닌그라드에서 국가와 사회의 기능은 잠시 멈췄다. 시민을 돌볼 국력은 수도 모스크바에 집중되어 있었고, 그 힘은 레닌그라드까지 닿지 못했다. 사실상 도시로서의 기능이 마비된 레닌그라드에는 시민 간 자율적 연대에 기반을 둔 사회 또한 존재하지 않았다. 굶주림 앞에서 레닌그라드 시민들의 자율적 연대는 붕괴되고, 한 개인이 유일하게 기댈 수 있는 대상은 사적 집단의 멤버십뿐이었다. 가족이 있는 사람, 가족 이상의 관계를 맺고 있는 이웃이 있는 사람, 가족을 대신할 정도로 끈끈한 관계의 친구가 있는 사람은 (비록 개인에 대한 공적 보호가 중단된 레닌그라드에서도) 어떤 형태로든 '혼자가 아니다'를 실현할 수 있는 집단에 소속되어 있었다. 집단의 구성원이라는 인식은 그 자신을 인간의 경계를 넘지 못하도록 했다. 반면 공적 조직이 붕괴된 레닌그라드에서 한 개인이 의지할 수 있는 사적 집단 그 어느 곳에도 소속되지 못한 사람은 결국 굶주림을 이기지 못하고 인간의 경계를 넘고 말았다.

인간은 물리적으로든 정신적으로든 혼자서는 결코 완전한 존재가 될 수 없다. 오직 서로 연결되어야 비로소 지구의 생태계를 장악한 능력자로 전화轉化될 수 있다. 성원권 지위의 확보는 한 개인이 지구의 생태계를 장악한 능력자 집단에 속할 수 있는지를 결정한다. 미국이라는 나라에 존재하는 모든 사람이 미국인으로서 받아들여지는 성원권을 확보한 것은 아니다. 불법 체류자는 비록 미국이라는 나라에 있어도 세계 최강의 나라이자 부유한 나라의 멤버가 되지 못한다. 집단에 소속되었는지의 여부는 인간을 전혀 다른 방향으로 이끈다. 소속감은 안정감을 불러온다. 어떤 집단에 소속될 때, 어떤 집단이 한 개인을 성원으로 받아들였다는 것을 확인할 때 인간은 비로소 자신을 중요한 존재로 간주하고, 자신을 중요한 존재로 여기는 타인과 서로 의지하고 협력하는 호혜적 책임을 느낀다. 어딘가 소속되면 삶은 두려움과 의심의 대상에 맞서 보호를 받는다. "소속되면 세계 안에서 우리에게 자리가 생기기 때문에 불안에 맞서 안심할 수 있다. 소속되면 우리 삶은 언제든지 집단 성원 지위와 결부된 우정과 동지애의 감정적 온기를 느낄 수 있다. 소속되면 우리 삶과 행동이 의미를 얻는다."

우리가 인간의 업적이라고 찬양하는 모든 것, 호모 사피엔스의 능력이라고 자랑하는 모든 것은 소속된 인간에게만 적용된다. 그 어디에도 소속되지 못한 사람은 이 모든 것으로부터 배제된다. 한 인간에게 성원권을 부여하는 집단은 다층적이다. 작게는 친족집단부터 크게는 국가에 이르기까지 한 인간은 다양한 성원권을 확보함으로써 다양한 집단에 소속된다. 다양한 집단에 소속될수록 한 개인은 개인의 한계를 뛰어넘어 홀로 존재하지 않는 호모 사피엔스의 성과에 가까이 갈 수 있는 가능성이 커진다. 반면 모든 형태의 성원권으로부터 박탈된 사람은 생물학적으로는 호모 사피엔스로서의 특징을 구비하고 있지만, 실제로는 호모 사피엔스의 자격을 박탈당한 것이나 마찬가지인 처지로 전락한다. 성원권 배분의 불평등은 호모 사피엔스를 하나의 집단으로 만들어주지 못하고, 성원권에 의한 보호를 받는 호모 사피엔스와 성원권을 박탈당했기에 보호의 외부에 있는 호모 사피엔스로 양분하는 것이다.

호모 사피엔스는 성원권의 불평등한 배분이 '당신은 혼자가 아니다'라는 호모 사피엔스의 본질을 위험에 빠뜨릴 수 있다는 것을 잘 알고 있었기에 이 프레임을 제도화했다. 호모 사피엔스는 성원권을 확보하지 못했다는 이유로 인간의 경계를 벗어나야 할 한계상황에 처한 사람들에게 "당신은 혼자가 아니다"라는 말을 건네며 '사회복지'라는 제도를 만들었다. 이 제도는 인간 외의 범주로 배제되고 있는 사람을 다시 인간의 범주로 끌어당기는 초대장과도 같다. 혼자가 아니었기에 진화를 통해 문명을 일궈낼 수 있었던 호모 사피엔스는 마침내 "당신은 혼자가 아니다"라는 프레임을 사회복지로 제도화하여, 3만 년 전 쇼베의 동굴에서 연대의 위력을 발휘한 호모 사피엔스와 같으면서도 달라진 것이다.

인류는 하나의 공동체이다

전염의 시대, 코로나19의 시대에 우리는 다시 확인한다. 호모 사피엔스는 결코 홀로 존재하지 않음을. 기초감염재생산수, 즉 감염병이 지속되는 속도는 코로나19의 위력을 설명하는 개념이자 인간의 상호의존성을 설명하는 개념이다. 역설적으로 코로나19가 순식간에 전 지구적으로 퍼져나갈 수 있었던 이유는 상호 연관의 생태계를 구성하고 있기 때문이다. 성원권의 불평등한 배분으로 인간이 한동안 잊고 있었던 너무나 명징한 인간의 본질인 '당신은 혼자가 아니다'를 코로나 바이러스가 우리 현대인에게 일깨워주었다.

전 세계적으로 우리는 국가와 국가 사이에서 무국적자를 배제하고, 사실상 존재하지만 법적으로는 호모 사피엔스의 일원으로 받아들여지지 못하는 난민을 만들었다. 또한 인간의 품위를 지킬 수 있는 최저생계비조차 얻지 못하는 사람들을 포용하는 데 게을리하며 그동안 우리가 잊고 있던 평범하지만 가장 중요한 진실을 신종 코로나 바이러스가 일깨워주었다. 우리는 홀로 존재하지 않는다. 우리는 연결되어 있다. 20만 년 전이나 지금이나.

코로나 바이러스는 공동의 위험이다. 한 국가가 방역에 성공했다고 해서 그 나라만 단독으로 바이러스의 위험으로부터 벗어날 수 없다. 한 지방 자치제에서 코로나 바이러스 확진자 수가 0이 되었다 하더라도, 그 지역만 안전지대가 될 수는 없다. 성원권이 없는 사람을 경계 밖으로 밀어내고, 성원권 소유자끼리의 집단 결속력을 강화하려는 노력은 신종 바이러스 앞에서 무의미해졌다. 코로나 바이러스는 성원권의 소유자와 성원권을 박탈당한 사람을 구별하지 않고, 모든 인간을 위협한다.

우리 중 누구든지 코로나 바이러스를 타인에게 옮기는 숙주가 될 수 있다. 그 누구도 예외는 아니다. 불특정 다수가 병균을 옮기는 숙주가 될 수 있는 상황은 불평등에 의해 우리가 잊고 지내던 '공동체'의 기본 원리를 다시 일깨운다. 혼자가 아니기에 우리 중 누구든지 감염될 수 있고, 반대로 우리 각자가 숙주가 되어 타인에게 바이러스를 옮길 수 있다. 기초감염재생산수라는 지표는 의학용어인 동시에 사회 현상을 설명하는 용어이기도 하다.

코로나 바이러스는 국적자와 비국적자 사이의 경계를 뛰어넘을 뿐만 아니라, 시민권이 있는 사람과 인간의 기본 권리를 주장할 기회조차 박탈당한 난민 사이의 구분선 또한 무력화시킨다. 이탈리아의 학자이자 소설가인 파올로 조르다노Paolo Giordano는 다음과 같이 말한다. "전염병은 우리가 집단의 일원이라는 것을 새삼 깨닫게 한다. 정상적인 사회체제에서 우리가 발휘하지 못했던 상상력을 거침없이 펼치게 한다. 우리는 다른 사람들과 서로 떼어 놓을 수 없는 관계이고, 개인적 선택을 할 때도 타인의 존재를 고려해야 한다. 전염의 시대에 우리는 단일 유기체의 일부다. 전염의 시대에서 우리는 하나의 공동체이다."

우리가 바이러스가 아닌 이상, 바이러스는 우리에게 단 하나의 문장으로 표현될 수 있는 인간의 본질을 일깨운다. 바이러스는 말한다. 당신은 혼자가 아니라고.

김응빈

미생물학자

3장

생명이란 우주의 메모리 반도체이다

온 세상은 무대이고, 모든 여자와 남자는 배우일 뿐이다. 그들은 등장했다가 퇴장한다. 어떤 이는 일생에 걸쳐 여러 역할을 연기한다.

두 주인공의 사랑 이야기를 중심으로 전개되는 셰익스피어의 희곡 〈뜻대로 하세요*As You Like It*〉에 나오는 명대사 가운데 하나다. 인생의 의미를 성찰할 때 종종 회자되는 이 문구는 "과연 나는 어떤 배역을 연기하다가 몇 막에서 퇴장할까?"라는 자문을 하게 하여 의미 있는 삶을 위해 노력하게 만드는 활력소가 된다. 한편으로는 세상살이가 한 편의 긴 연극일지 모른다는 생각으로 이어져, 지구상에 존재하는 모든 생물종이 '연극배우'이고 지구는 거대한 '복합 극장'이라는 상상으로 발전한다.

어림잡아도 46억 년이라는 장구한 역사가 있는 지구와 그곳에 사는 모든 생물종을 생물학적으로는 '생태 극장에서 진화 연극을 공연 중인 배우'라는 문구로 함축하여 표현할 수 있겠다. 지금 이 순간에도 개개의 극장(서식지)에서는 수많은 배우가 열심히 개성 연기를 펼치고 있다. 이들이 열연하는 이유는 하나같이 똑같다. '자자손손 잘 먹고 잘살기'(생존과 번식) 위함이다.

생명체는 처한 환경에서 저마다 제 살길을 찾느라 여념이 없다. 그런데 얄궂게도 자연환경은 불현듯 수시로 바뀌곤 한다. 만약 생명체가 이런 변화에 제대로 적응하지 못한다면 살아남기가 어려울 것이다. 바꾸어 말하면 현존하는 생명체들은 오랜 시간 동안 환경 변화에 잘 적응해 온 존재들이다. 여기서 중요한 것은, 환경 변화는 예측할 수 없다는 사실이다. 그래서 변화가 생긴 다음에 바뀐 조건에 맞춰 생명체가 변할 수는 없다.

사실 생명체는 항상 무작위로 변하고, 그 결과 모든 생명체 집단 내에는 다양한 변이체가 존재한다. 이런 상황에서 변화한 환경에 더 적합한 개체들이 더욱 번성하게 된다. 따라서 생명체의 적응이란 생명체의 변이가 우연히 환경 변화와 맞아떨어진 결과라고 볼 수 있다. 이것이 바로 1859년, 다윈이 집필한 《종의 기원 On the Origin of Species》의 핵심 내용이다.

다윈의 생각과 슈퍼박테리아

《종의 기원》은 생물학을 훌쩍 뛰어넘어 인간을 바라보는 기본 사고 방식을 바꾸어 놓은 고전이다. 책의 원제《자연선택에 의한 종의 기원, 또는 생존 경쟁에서 유리한 종족의 보존에 대하여 *On the Origin of Species by Means of Natural Selection, or the Preservation of Favoured Races in the Struggle for Life*》를 음미하면 다윈의 요지를 파악할 수 있다. 그는 이 책에서 최초 생명체의 탄생이 아니라 새로운 종의 기원, 말하자면 기존 생명체에서 새로운 생명체가 어떻게 생겨날 수 있는지를 설명한다. 한마디로 생명체의 '변화'에 관해 이야기하고 있다.

다윈은 부모와 자식이 대체로 닮았지만 조금씩 다른 것처럼, 자식이 살아갈 환경과 부모가 살아온 환경이 비슷하면서도 조금씩 다르다는 것을 인지하고, 새로운 환경에서 생존하는 데 도움이 되는 변이를 가진 자식이 더욱 번성할 것이라는 가설을 세웠다. 그리고 그는 '자연선택'을 그런 변화의 작동 원리로 보았다. 이후 오늘날에 이르기까지 생물학의 눈부신 발전으로 유전자의 정체가 규명되고 돌연변이로 생긴 유전적 변이가 자연선택을 받아 생물의 진화를 일으킨다는 점이 밝혀지면서, 다윈의 생각은 생물학을 하나로 묶어주는 핵심 과학 원리로 자리 잡았다. 예컨대, 최근 뉴스에 자주 등장하는 '슈퍼박테리아' 문제도 진행 중인 진화의 사례를 잘 보여준다.

슈퍼박테리아란 인간이 사용하는 모든 항생제에 내성을 가진 세균(박테리아)을 통틀어 이르는 말이다. 이런 병원균에 감염되면 현대 의학이 할 수 있는 치료는 별로 없다. 도대체 세균은 어떻게 항생제 내성을 가지게 되는 것일까? 세균의 처지에서 보면 항생제는 일종의 질병이다. 이전에 접한 적이 없는 항생제와 만나면 거의 모든 세균은 치명상을 입는다. 그러나 개중에 살아남는 세균도 있다. 돌연변이로 생긴 항생제 내성 유전자 덕분이다.

돌연변이는 말 그대로 돌연히 유전자 염기서열에 생기는 변이이다. 우리가 어떻게 할 수 없는 자연현상이다. 모든 세포는 분열에 앞서 다음 세대에 물려줄 모든 유전물질을 복제한다. 비유하자면, 원본 원고를 보고 자판을 두드려 사본을 만드는 과정이다. 제아무리 뛰어난 타자수라 하더라도 전혀 오타가 없을 수 없듯이, 유전물질을 복제하는 효소도 아주 드물게 실수를 범한다.

돌연변이로 생긴 내성 유전자는 대물림되면서 급속도로 퍼져나간다. 단세포인 세균은 자라서 적당한 크기가 되면 둘로 나뉘며 빠르게 증식하기 때문이다. 가령 대장균은 최적의 환경에서 약 20분마다 한 번씩 세포 분열을 하고, 그때마다 개체 수가 두 배로 늘어난다. 하루가 지나면, 항생제 내성 대장균 1마리가 2^{72}마리, 곧 47해 2236경 6482조 8696억 5000만 마리로 이루어진 엄청난 규모의 무리가 된다.

중요한 사실은 항생제가 내성 돌연변이를 일으키는 원인이 아니라는 점이다. 우연히 그 돌연변이를 지닌 세균이 '선택되어' 번성케 하는 환경 요인으로 작용할 뿐이다. 이렇게 세대를 거치면서 돌연변이들이 선택되고 축적되면, 결국 집단의 유전자 조성이 변하게 된다.

다윈은 현존하는 모든 생물종이 유전적 특성에 대한 자연선택으로 천천히 변화해 왔다고 생각했다. 그런 특성이 어떻게 생겨나고 유전되는지는 전혀 알지 못했지만, 모든 생물이 공통 조상에서 유래해 진화했다는 견해만은 확실하게 밝히고 있다. 《종의 기원》 마무리를 이렇게 하면서 말이다.

> 몇 가지 능력과 함께 애초에 몇 개 또는 하나의 형태로 숨이 불어넣어져, 지구가 중력이라는 일정한 법칙에 따라 회전하는 동안 그토록 단순한 시작에서 매우 아름답고 경이로운 무수히 많은 형태로 진화해 왔고, 진화하고 있으며, 앞으로도 진화할 거라고 생명을 보는 이 견해에는 장엄함이 깃들어 있다.

최초 생명체에 관한 쟁점들

《종의 기원》 출간 당시, 다윈의 지지자 중에는 그가 생명의 탄생에 대해 미온적인 태도를 보인 데 대해 유감을 표하는 사람들도 있었다. 대표적으로 독일의 생물학자 헤켈Ernst Haeckel은 원조 생명체가 탄생하는 과정에 모종의 특별한 힘이 작용했다고 가정한 것을 마뜩잖게 생각했다.

논쟁을 좋아하지 않는 성격의 다윈은 이런 비판적 의견에 대해 공식적으로 이의를 제기하지 않았다. 그 대신 1871년 절친한 친구인 식물학자 후커 Joseph Dalton Hooker 에게 보낸 편지에서 자신의 속마음을 털어놓았는데, 그 내용은 이렇다.

> 흔히들 말하기를 최초 생명체 탄생에 필요한 모든 조건은 예나 지금이나 존재한다고 하지. 그런데 말이야, 만약에 아주 만약에 암모니아와 인산염을 비롯한 온갖 물질에 빛과 열, 전기 따위가 공급되는 작고 따뜻한 연못이 있고, 거기서 단백질 화합물이 화학적으로 만들어져 한층 더 복잡한 변화를 겪는 상황을 상상해 보면 어떨까? 지금이라면 그런 물질이 생성 즉시 먹혀버리겠지만, 생명체가 탄생하기 전이라면 괜찮지 않을까?

다윈의 생각대로, 지구에 사는 모든 생물은 지구에 존재하는 원소들로 이루어져 있다. 여기서부터 현대 생물학 관점에서 추리해 보자. 지금까지 자연계에 존재하는 것으로 알려진 원소는 90가지 정도이다. 생명체를 이루기 위해서는 이 가운데 약 25개의 원소가 필요하다. 자연계에 있는 특정 원소들이 마치 레고 블록이 조립되듯이 우리 인간을 비롯한 생물들의 몸을 구성한다는 이야기다. 생명체를 이루기 위해서는 탄소나 수소 원소처럼 단순한 물질이 아니라 아미노산과 같이 훨씬 더 복잡한 물질이 필요하다. 따라서 원시지구에서 최초 생명체의 탄생 비밀을 찾아가려면, 단순한 물질에서 더 복잡한 화합물이 만들어질 수 있는지를 먼저 알아보는 게 순서일 것이다.

'빅뱅 우주론'에 의하면 지구는 거대한 수소^{H_2}의 집합체가 높은 압력과 온도에 의해 더 무거운 원소로 전환되고, 결국 폭발한 후에 다시 여러 개로 뭉쳐져 만들어진 천체 가운데 하나라고 한다. 탄생한 지 어림잡아 45억 년이 넘는 지구는 처음 2억 년 동안 표면의 온도가 100℃ 이상이었을 것으로 추정된다. 지구가 얼마나 빨리 식었는지는 정확히 알 수 없지만, 상당히 뜨거운 상태에서 수소가 다른 원자들과 반응하여 암모니아^{NH_3}와 메탄^{CH_4} 따위가 증가했다. 그 결과 이러한 화합물과 함께 수소가 원시지구 대기의 주를 이루게 되었다. 여기에 산소^{O_2} 기체는 없었다.

1950년대 초, 미국의 한 대학원생이 간단한 물질에서 복잡한 물질이 저절로 만들어질 수 있는지를 알아보고자 어떤 실험을 고안했다. 그는 스탠리 밀러$^{Stanley\ Miller}$로 원시지구의 환경을 실험실에서 재현했다. 산소 없이 메탄과 암모니아, 수소 기체 등으로 공기를 구성한 다음, 뜨거웠던 원시지구의 바다를 흉내 내어 물을 끓여 수증기를 만들었다. 그런 다음 원시지구에서 자주 일어났을 것으로 추정되는 번개 효과를 내기 위해 전기 방전을 일으켰다.

실험이 시작되고 일주일이 지나자, 수증기가 응결되어 모이는 부분에서 아미노산을 비롯한 다양한 탄소화합물이 발견되었다. 생명체를 이루는 핵심 성분이 자연스럽게 만들어진 것이다. 간과하지 말아

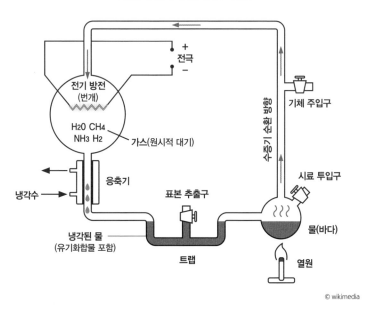

스탠리 밀러의 원시지구 실험

전극
+
−

전기 방전
(번개)

H2O CH4
NH3 H2

가스(원시적 대기)

수증기 순환 방향

기체 주입구

응축기

냉각수

표본 추출구

시료 투입구

냉각된 물
(유기화합물 포함)

트랩

물(바다)

열원

© wikimedia

야 할 사실은, 이 실험은 원시지구의 대기가 현재와는 조성이 전혀 다른 무산소 대기라는 가정에서 출발했다는 점이다. 1959년, 지도 교수인 해럴드 유리Harold Urey와 함께 세계적인 권위를 자랑하는 과학 학술지 〈사이언스Science〉에 발표한 논문에도 이 내용이 분명하게 언급되어 있다.

생물의 원조를 찾아서

원시지구 실험 결과가 최초 생명체의 탄생 과정을 입증하는 것은 절대 아니다. 다만 원시지구의 대기에 존재했을 것으로 추정하는 간단한 기체 원소에서 생명체를 이루는 데 필요한 복잡한 유기화합물이 저절로 만들어졌을 가능성을 보여줄 뿐이다. 아울러 '따뜻한 작은 연못'이라는 다윈의 상상에 힘을 더해주기도 한다. 하지만 몇 가지 능력과 함께 애초에 몇 개 또는 하나의 형태로 숨이 불어넣어졌다고 다윈이 상정想定한 그 원조에 이르려면 아직 갈 길이 아득하다.

모든 생물은 어버이가 있다. 그러므로 어버이의 어버이를 계속 추적해 올라가면 그 끝에서 시조를 만날 수 있다. 이러한 생물속생설°에 따르면, 각 생물의 원조 역시 조상이 있어야 한다. 이러한 가상의 생명체를 생물학에서는 '루카LUCA, Last Universal Common Ancestor'라고 부른다. '어젯밤'의 의미를 떠올리면 루카의 개념을 이해하는 데 도움이 된다. 가장 가까운 과거 시점, 다시 말해 이전까지 있었던 것 중에서 가장 나중이라는 뜻이다. 루카는 생명체의 분화가 시작된 기점이자 모든 생물의 공통 조상이다.

° 생물이 발생하기 위해서는 반드시 그 어버이가 있어야 한다는 이론으로, 과학혁명 이전 시기에 널리 믿었던 자연발생설(생물이 무생물에서 저절로 만들어진다는 주장)에 대응하는 개념이다.

지구에 살았거나 살고 있는 모든 생물이 루카에서 비롯되었다는 것이 현대 생물학계의 지배적인 견해이다. 이렇게 생각하는 근본적인 이유는 겉으로는 생물이 무척 다양해 보이지만, 세포 수준에서 보면 기본 틀이 모두 같기 때문이다. 요컨대, 지구상에 존재하는 모든 생명체는 같은 유전물질과 유전부호, 유전규칙을 사용한다.

잘 알려진 대로 현존하는 모든 생물은 DNA deoxyribonucleic acid 라는 유전물질을 가지고 있다. 데옥시–deoxy-에서 'de-'는 제거를 의미하는 접두사이고, 'oxy-'는 산소oxygen를 뜻한다. 따라서 '데옥시-'는 산소가 없다는 뜻이다. 정확히 말하면 탄소 원자 다섯 개를 갖는 단당류, 5탄당의 일종인 리보스ribose의 2번 탄소에 산소가 없다. 여기에 산소가 그대로 있으면 RNAribonucleic acid가 된다. 이처럼 산소 원자 하나의 결합 여부가 DNA와 RNA의 결정적 차이다.

리보스는 산소 원자를 꼭짓점으로 네 개의 탄소 원자가 만드는 오각형 구조다. 나머지 탄소 하나는 4번째 탄소에 결합하여 오각형 평면 위로 돌출되어 있고, 여기에 인산기가 붙는다. 이런 구조에 염기라는 성분 하나가 더 추가되면 핵산의 기본 구조가 완성된다. 이것이 DNA와 RNA의 구성단위인 '뉴클레오타이드nucleotide'이다. 염기에는 아데닌A, 티민T, 구아닌G, 시토신C 이렇게 총 네 가지가 있다. 다만 RNA에서는 티민 대신 우라실U 염기가 있는데, 이 둘은 그 구조가 거의 비슷하다.

인접한 뉴클레오타이드의 인산기와 3번 탄소에 붙어 있는 수산

DNA 한 가닥과 그 구성단위인 뉴클레오타이드의 구조

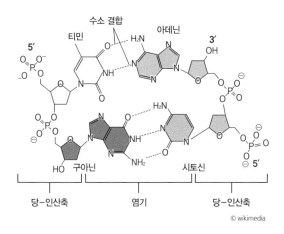

© wikimedia

기^{-OH}가 결합하여 하나의 긴 사슬(폴리뉴클레오타이드)을 형성한다. 이렇게 만들어진 두 개의 DNA 사슬은 'A-T, G-C'라는 일정한 규칙에 따라 염기들이 결합하여 '이중나선' 구조를 이룬다. 바로 이것이 1953년 제임스 왓슨^{James Watson}과 프랜시스 크릭^{Francis Crick}이 발표한 DNA 구조 모형이다. 이중나선의 폭은 2nm, 나선을 한 바퀴 돌면 3.4nm이고, 이 안에 10쌍의 염기 결합이 있다. 규칙에 따른 염기 결합으로 인해 이중나선의 폭이 2nm로 일정하게 유지된다.

DNA에 해당 생물의 모든 정보가 담겨 있지만, 그 자체만으로는 아무 능력도 발휘할 수 없다. 마치 컴퓨터에 깔린 프로그램과 같은 이치이다. 누군가가 그 프로그램을 열기 전에는 그저 컴퓨터 하드 디스크에 있는 파일에 불과한 것처럼 말이다. 세포에서는 DNA에 있는

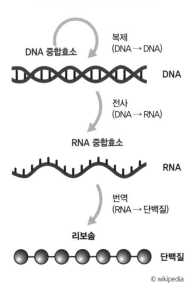

DNA 정보를 읽어내는 과정

복제
(DNA → DNA)

DNA 중합효소

DNA

전사
(DNA → RNA)

RNA 중합효소

RNA

번역
(RNA → 단백질)

리보솜

단백질

© wikipedia

정보가 단백질로 만들어질 때 비로소 제 기능을 하게 된다. 단백질이
대부분의 생명 현상을 수행하기 때문이다.

  DNA에 있는 정보를 읽어내는 과정, 즉 '유전자 발현'은 두 단계로
일어난다. DNA가 먼저 RNA로 '전사轉寫'된 다음에 단백질로 '번역'
되는데, 이 과정을 '중심원리central dogma'라고 부른다. 전사의 일반적
의미는 '글이나 그림 따위를 옮겨 베낌'이다. DNA와 RNA의 기본 화
학 성분과 구조가 거의 같으므로 'DNA의 유전정보가 전령
RNA mRNA에 옮겨지는 과정'을 전사라고 명명했다. 한편 RNA로 복
사된 유전정보가 단백질로 전환되는 과정은 네 개의 염기(A, G, C, T)

로 구성된 언어가 20개의 아미노산으로 이루어진 단백질 언어로 바뀌는 것이다. 번역이라는 명칭에 고개가 끄덕여진다.

현존하는 모든 생물은 이 중심원리를 따른다. 그렇다면 초기 생명체도 이와 같은 원리에 따라서 DNA에서 RNA를 거쳐 단백질을 만들 수 있는 체계가 구축되었어야 할 텐데, 문제는 DNA의 정보를 RNA로 만드는 과정과 해당 RNA 정보로 단백질을 만드는 과정에는 모두 단백질 효소가 필요하다는 것이다. 그런데 이런 단백질의 정보는 다름 아닌 DNA에 있으므로 단백질을 만들기 위해서는 DNA의 유전정보가 필요하고, 이 정보를 발현시키기 위해서는 다시 단백질이 필요하다. 뫼비우스의 띠에 올라탄 격이다. 이런 문제를 해결하려면, DNA처럼 유전정보를 담을 수 있고, 단백질 효소처럼 유전정보를 읽어낼 수 있는 두 가지 기능을 모두 가진 물질이 있어야 한다.

생명체 출현의 필요조건 RNA

중심원리에 따르면, 생명 현상이란 결국 같은 문법을 내장한 정보의 흐름이다. 그리고 그 정보는 주로 단백질로 만들어져 사용된다. 단백질 합성은 각 세포의 리보솜에서 이루어진다. 단백질은 마치 건물의 벽돌같이 생명체를 이루는 주요 성분이며, 생체 반응을 수행하는 효소도 거의 단백질이다. 따라서 리보솜은 생명체 진화의 매우 초기에

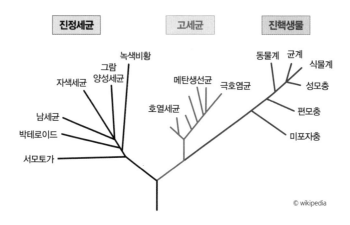

rRNA 염기서열 비교에 근거한 계통수

진정세균 　고세균　 진핵생물

녹색비황
그람
양성세균
자색세균
남세균
박테로이드
서모토가
메탄생선균
호열세균
극호염균
동물계 균계
식물계
성모충
편모충
미포자충

© wikipedia

등장했다고 볼 수 있다. 리보솜 자체도 단백질과 리보솜 RNA^{rRNA}로
되어 있다. 이런 점에 착안해 미국의 미생물학자 칼 우즈$^{Carl Woese}$는
rRNA를 진화 역사의 기록이라고 생각했다. 다시 말해, rRNA 염기
서열의 차이 정도가 생명체 간의 유전적 변화를 반영할 거라는 이야
기다.

　그는 rRNA를 유전적 지표로 이용하여 10여 년에 걸쳐 비교한 끝
에, 마침내 1977년 새로운 모습의 계통수, 즉 생명체의 가계도를 완
성했다. 이것에 따르면, 생물은 크게 세 가지 영역 고세균^{Archaea}, 진정
세균^{Bacteria}, 진핵생물^{Eukarya}로 나누어지고, 그 뿌리에 루카가 존재한
다. 두 생물종의 rRNA 정보가 비슷할수록 계통수 내에서 더 가깝게
연결되어 위치한다.

앞서 설명한 대로 RNA의 5탄당은 2번과 3번 탄소에 모두 수산기를 가지고 있다. 이 때문에 DNA와 비교하면 반응성이 높고, 구조적으로는 불안정하다. 하지만 단일 가닥인 RNA는 내부 염기 간 결합을 통해 다양한 형태의 2차, 3차 구조를 형성한다. 이러한 변신 능력은 RNA에 구조적 안정성과 잠재적 기능성을 부여할 수 있다. 이를 간파한 선구적 분자생물학자들은 이미 1960년대 초반부터 원시지구에서 RNA가 유전정보 보관 및 발현 기능을 수행한 시기가 있었다는 개념적 발상을 했다.

우즈 또한 1967년에 2차 구조를 띤 RNA는 단백질 효소와 같은 활성을 가질 수 있을 것으로 예상했고, 그로부터 15년 후 그의 주장은 사실로 판명된다. 1982년 효소 기능을 하는 RNA인 리보자임 ribozyme 이 테트라하이메나 Tetrahymena° 에서 발견된 것이다. 1986년 'RNA 세계'°° 라는 용어가 만들어져 생명의 분자적 기원이 RNA에서 비롯되었다는 가설이 공식 이름을 얻었다.

처음 발견된 리보자임은 단백질 효소의 도움 없이 스스로 rRNA의 전구체를 자르고 이어 붙인다. 첫 발견 이후 여러 종류의 리보자임들이 발견되면서, 이들이 세포 내에서 특정 핵산 결합의 절단 및 형성

° 알 모양의 단세포 민물 원생동물로, 유전학 연구에 종종 사용된다.

°° RNA World. DNA 염기서열 결정 방법 개발 공로로 1980년 노벨 화학상을 받은 월터 길버트(Walter Gilbert)가 만든 신조어이다.

과 아미노산 결합 등 생명 현상에 필수적인 여러 기능을 수행하는 것으로 밝혀지고 있다.

21세기에 들어서 RNA 세계 가설에 힘을 보태는 또 하나의 굵직한 연구 성과가 발표되었다. 리보솜 자체가 리보자임으로 드러난 것이다. 리보솜에서 아미노산 연결 반응은 단백질 효소의 개입 없이 리보솜 RNA의 구조를 기반으로 일어난다. 이런 사실은 리보솜이 짧은 RNA의 집합체에서 비롯되어 진화되었을 가능성을 시사한다.

RNA 세계는 물질에서 생명체의 탄생 과정을 설명하려는 연구 분야인 '화학진화chemical evolution'를 지탱하는 주요 기둥 가운데 하나이다. 정보 저장과 촉매 작용 능력을 겸비한 RNA 분자는 자기복제를 하는 생명체 출현의 필요조건이기 때문이다. 화학진화 가설은 말할 것도 없고, RNA 세계 가설 또한 많은 가정과 논리적 비약투성이다. 그렇지만 리보자임을 비롯하여 발견된 증거에 더해 실험 증거가 속속 보고되면서 RNA 세계 가설은 생물학계에서 널리 수용되고 있다. 다시 말해 최초의 유전물질은 RNA였을 거라는 얘기다.

제대로 된 생명체가 탄생하려면, 생명체의 최소 단위인 세포가 만들어져야 할 것이다. 특히 안과 밖, 자기self와 비자기nonself를 구분할 수 있는 경계, 즉 세포막이 생겨야 한다. 그리고 그 안에 유전물질인 핵산이 담겨야 한다. 지금까지 알려진 모든 생물의 세포는 기름(지질)막으로 덮여 있다. 이에 착안해, 과학자들이 지질과 DNA를 시험관에 함께 넣어 건조한 후에 다시 물을 넣어주는 실험을 했다. 그 결과는 놀라웠다. 지질이 저절로 공 모양 구조를 이루었고, 그 안에 DNA가 들어 있었다. 다시 말해 세포의 기본 형태를 갖춘 것처럼 보였다.

그렇다면 루카의 모습은?

지금까지 루카의 탄생 과정을 추리해 보았다. 이제부터는 그 모습을 분자생물학적 증거를 바탕으로 살펴보자. 현재까지 발견된 것 중에서 가장 오래된 생명체 화석은 38억 년 전쯤에 존재했던 원핵생물의 것이다. 그 모습과 출현 시기는 정확히 알 수 없지만, 모든 생명체의 원조가 단세포 원핵생물인 것은 분명해 보인다.

생명 현상이 일어나는 가장 작은 생물학적 단위는 세포이다. 모든 세포는 유전물질인 DNA가 들어 있는 핵의 유무에 따라 크게 두 가지로 구분된다. 바로 진핵세포와 원핵세포이다. 진핵세포는 원핵세포보다 훨씬 크다. 진핵세포가 야구장($10\sim100\mu m$) 크기라면, 원핵세포는 투수 마운드($0.1\sim10\mu m$) 정도이다. 또한, 진핵세포는 구조도 복잡해서 세포 안에 세포소기관과 내막계 따위가 있다. 반면, 원핵세포에는 세포소기관은 말할 것도 없고 핵막조차 없어서, 유전물질인 DNA가 단백질 합성을 담당하는 리보솜과 함께 세포질에 떠 있는 상태이다. 비유하자면, 진핵세포는 여러 개의 방이 있는 저택이고, 원핵세포는 단출한 단칸방이라 할 수 있겠다.

복잡한 내부 구조를 가진 진핵세포는 언제 어떻게 생겨났을까? 현대 생물학에서는 약 25억 년 전 최초의 진핵세포가 서로 다른 원핵생물의 투쟁적 동거에서 탄생했다고 추정한다. 세포내공생endosymbiosis 또는 공생발생symbiogenesis으로 알려진 이 가설의 기본 아이디어는 1900년대 초반에 러시아 학자들이 처음으로 제안했다. 미토콘드리아 및 엽록체가 세균과 닮아 보인다는 것이 그 근거였다. 전자현미경 관찰을 통해 1962년과 1965년에 각각 엽록체와 미토콘드리아에 별도의 DNA가 존재한다는 사실이 밝혀졌다.

1967년 미국의 생물학자 린 마굴리스Lynn Margulis는 당시까지 축적된 과학적 증거를 바탕으로 이 가설을 확장했다. 원핵생물들만 살던 원시지구에서 어떤 원핵세포가 더 작은 것을 잡아먹었다. 그런데 포식자가 그것을 소화시키지 못해 피식자가 우연히 살아남는 일이 발생했다. 반대로 포식이 아니라 감염이었을 가능성도 있다. 어찌 되었든 둘은 더는 서로에게 해를 끼치지 않는 것은 물론이거니와, 도리어 도움을 주고받는 관계를 형성해 갔다. 다시 말해 공생 관계를 이룸으로써 원핵세포가 진핵세포로 진화할 수 있는 발판을 마련했다는 주장이다.

자칫 소설과도 같은 이 가설은 처음에는 과학계에서 인정받지 못하다가 이를 지지하는 증거가 충분히 축적되자, 이제는 생물학 교과서에 실릴 정도로 인정받고 있다. 여기서 생각이 발전한다. 그 포식자의 정체를 알 수 있다면 루카의 모습에 한 걸음 더 다가갈 수 있지 않

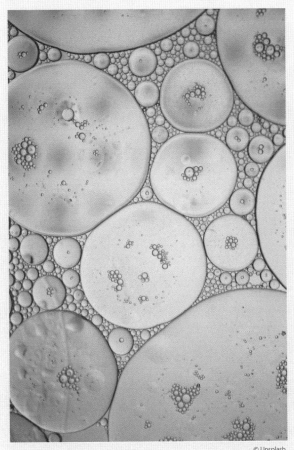

© Unsplash

유전자는 과거 특정 시공간의 자연환경에 대한

정보를 간직하고 있다고 볼 수 있다.

말하자면, 유전자에는 지나간 생명의 자취가 남아 있다.

을까? 21세기에 접어들면서 원핵생물인 고세균 유전체 연구를 통해 포식자 추적의 실마리를 찾기 시작했다.

고세균은 다른 생물이 살 수 없는 험악한 환경에서도 유유자적할 수 있는 능력을 갖춘 미생물 집단이다. 고세균의 영문명은 접두사 '고대의archaeo-'에서 유래한 것으로, 주로 극한 환경에서 발견되는데 이러한 서식 환경이 원시지구와 비슷하다고 여겨지기 때문이다.

극호열 고세균은 보통 80℃ 이상의 환경에서 잘 자란다. 지금까지 알려진 최고 기록 보유자는 심해 2,000m 깊이의 해저 열수구° 근처에서 자라는 고세균으로 무려 121℃에서도 거뜬히 살아간다. 극호염 고세균은 그레이트솔트 호수나 사해처럼 염분 농도가 25%를 넘는 환경에서 산다. 일부 종은 이 같은 고농도의 염분이 존재해야만 자랄 수 있다. 극호산 고세균은 pH가 0 아래로 내려가 음수 값을 보이는 초강산 환경에서도 발견된다.

또 다른 부류의 고세균은 수소를 이산화탄소와 반응시켜 메탄을 만드는 메탄 생성균이다. 우리와는 정반대로 이들은 산소가 있으면 즉사하고 만다. 현재까지 알려진 메탄 생성균은 모두 고세균으로, 사람의 대장에도 많이 살고 있다. 사람마다 다르지만, 방귀 성분의 30% 정도를 차지하는 메탄가스가 바로 이들이 만든 것이다. 아직 사람에

° 화산 활동 지역 근처에서 주로 발견되는 지표면의 균열로서, 지구의 내부 열에 의해 가열된 물이 분출된다.

게 질병을 일으키는 고세균은 발견되지 않았다.

현재 고세균은 다섯 개의 초문superphylum 으로 분류되어 있다. 초문이란, 문門의 상위 단계 분류군으로서 미생물의 계통 분류에서 둘 이상의 연관된 문을 함께 이르는 용어이다. 이 가운데 아스가르드asgard 초문에 속한 고세균이 원시 포식자의 모습을 보여준다.

아스가르드는 마블 영화에 등장하는 우주 먼 곳에 존재하는 행성의 이름이기도 하다. 북유럽 신화에서 모티브를 얻은 영화의 주인공 토르는 천둥의 신이자, 아스가르드의 왕이다. 주요 등장인물로는 토르의 아버지 오딘과 의붓동생 로키, 아스가르드의 파수꾼 헤임달 등이 있다. 아스가르드 초문은 현재 네 개의 문으로 이루어져 있다. 2015년 대서양 심해에 있는 일명 '로키의 성'이라는 열수구 주변에서 채취한 시료에서 발견된 고세균을 로키아케오타Lokiarchaeota 라고 명명한 데 이어, 2016년에는 토르아케오타Thorarchaeota , 2017년에는 헤임달아케오타Heimdallarchaeota 와 오딘아케오타Odinarchaeota 가 추가되어 아스가르드 초문이 등장하게 되었다.

아스가르드 고세균들은 막교통과 세포골격에 관련된 유전자를 포함해서 진핵생물의 것과 유사한 유전자를 유독 많이 가지고 있다. 막교통이란 수송소낭을 이용하여 세포 안팎으로 물질(주로 단백질과 거대분자 등)을 운반하는 제반 과정을 이르는 말이다. 마치 물류센터와 같이 세포는 복잡하고도 고도로 통제된 시스템을 이용하여 해당 물질이 지정된 장소로 정확하게 배송되도록 한다. 수송소낭이 세포 전체로 이동하는 데에는 세포골격이 주된 역할을 한다. 아울러 현재까지 알려진 유전체와 비교해 보면, 진핵생물은 부분적으로 고세균과 세균의 특징을 모두 지니고 있다. 요컨대 DNA 복제와 전사 및 번역 같은 정보 전달 과정에 관련된 세포 기구를 보면 고세균을 닮았다. 반면 탄소 및 에너지 대사를 담당하는 유전자와 세포막은 진정세균의 것과 유사하다. 한마디로, 현생 진핵생물은 진정세균과 그것을 섭취한 (아마도 고세균) 숙주가 합쳐져 탄생한 키메라임이 분명해 보인다.

최초의 생명체가 단세포 원핵생물이었던 것이 분명해 보이지만, 루카의 정확한 모습은 여전히 베일에 가려져 있다. 다만 현재 생물학 탐정들은 루카가 산소를 접하면 사멸하는 절대혐기성 단세포 원핵생물이었고, 고온에서는 수소를 비롯해 환원된 기체에서 에너지를 뽑아 이를 이용해 이산화탄소를 당분으로 고정했을 것으로 추정한다.

비유컨대, 루카를 찾아 생명의 역사를 거슬러 올라가는 것은 아주 오래된 역사책에서 심하게 훼손된 앞부분의 내용을 추론하는 것과 같다. 이를 위해서는 무엇보다도 충분한 증거와 단서를 찾아야 한다. 생물학 연구자에게 주어진 임무이다. 이를 제대로 실행하려면 사건의 자초지종을 밝히려는 탐정처럼 논리력과 추리력은 물론이고, 때로는 상상력도 동원해야 한다.

현재 우리가 아는 한 지구는 생명이 살아 숨 쉬는 유일한 행성이다. 광활한 우주의 변방에 있는 이 떠돌이별에 생명체가 존재하는 이유는 무엇일까? 솔직히 말해서, 여전히 미스터리다. 그런데 지금까지의 이야기를 종합해 보면, 그 미스터리 해결의 실마리 혹은 방향은 찾은 것 같다.

생명체는 자신의 생존과 번식에 필요한 환경이 제공되는 곳에서만 산다. 그런데 환경 조건은 수시로 바뀐다. 따라서 현존하는 모든 생물은 거친 자연의 격랑을 잘 헤쳐온 존재, 즉 자연선택의 산물이다. 분자생물학 수준에서 말하면, 현존하는 유전자가 바로 자연선택의 산물이다. 그렇다면 유전자는 과거 특정 시공간의 자연환경에 대한 정보를 간직하고 있다고 볼 수 있다. 말하자면, 유전자에는 지나간 생명의 자취가 남아 있다. 현생 생물의 유전정보를 통합해 심층적으로 비교 분석하면 루카에 대한 더 정확하고 구체적인 정보를 얻을 수 있을 것이라 기대한다. "생명이란 무엇인가?"라는 주제로 한 철학자와 나눈 대화 일부를 소개하며 글을 맺는다.

비유컨대, 생명이란 우주의 해마입니다. 생명이란 우주의 메모리 반도체입니다. 그 가운데 인간의 기억은 최신의 고밀도 기억집적체입니다. 빅뱅 이후 138억 년의 우주 역사와 지구라는 행성에서 발생한 생명 진화의 역사를 기억할 수 있기 때문입니다. 이와 같이 기억 개념을 통해서 우주와 생명 한가운데 있을 인간의 자리, 그 존재의미를 상상해 볼 수도 있을 것 같습니다.

김학진

신경심리학자

4장

마음은 신체와 환경의 소통에 기원한다

철학에 크게 관심이 없는 사람들이라도 '심신이원론'이라는 말을 한 번쯤은 들어보았을 것이다. 말 그대로 몸과 마음이 서로 구분됨을 주장하는 이론이다. 데카르트^{René Descartes}는 이 이론을 통해 세상에 존재하는 실체를 물질적인 것과 정신적인 것으로 구분했고, 이들을 서로 독립적인 것으로 인식했다.

매우 오랜 시간 동안 인간의 사고를 지배해 온 이 이론은 현대 과학이 발전하면서 수많은 학자의 공격을 받아 이젠 초라할 정도로 그 지위를 잃고 말았다. 이제 길 가는 초등학생을 붙들고 물어봐도 인간의 생각과 마음이 어디에서 오는지를 묻는다면, 학생들은 망설이지 않고 뇌라고 대답할 것이다. 이처럼 많은 과학적 사고와 증거들은 인간의 정신과 마음이 뇌라고 하는 물질에 바탕을 두고 있다는 주장에 부담을 느끼지 않도록 해주었다. 그렇다면 과연 심신이원론은 이제 더 이상 우리가 인간을 바라보는 관점에 영향을 미치지 못하는 것일까?

사실 섬세하고 풍요로운 인간의 생각과 감정이 뇌라는 물질로부터 만들어진다는 주장에 대해 우리가 가지는 본능적인 거부감은 매우 자연스러운 반응이다. 우리의 의식은 그 자체가 자신을 신체라고 하는 물질과 구분시킴으로써 자신의 존재감을 키워왔다. 따라서 의식이 신체로부터 비롯된다는 주장은 자신의 존재를 부정하는 것과 같은 것으로 이를 받아들일 수 없다. 이 때문에 우리의 의식은 "모든 생각과 감정은 뇌로부터 기인한다"라는 주장을 존재에 관한 고민 없이 단지 추상적인 글자들의 배열로만 받아들인다. 이 주장이 정확히 어떤 의미를 지니며, 어떻게 인간의 본성을 바라보는 관점을 송두리째 흔들 수 있는지에 대해서는 여전히 무관심하다.

그렇다면 과연 인간의 모든 생각과 감정이 뇌를 포함하는 신체로부터 기인한다는 주장의 정확한 의미는 무엇일까? 그리고 이러한 주장은 인간의 본성에 대한 관점을 어떻게 바꿔 놓을 수 있을까? 이 질문들에 답하기에 앞서, 생명의 유지라는 궁극적인 목적을 위해 우리의 신체와 뇌가 서로 협응協應하며 신체항상성을 유지해가는 과정인 알로스테시스allostasis에 대해 알아보자.

생명, 항상성 그리고 알로스테시스

생명은 엔트로피의 증가라는 자연스러운 물리학적 원리를 거스르는 특이한 상태로, 이를 유지하고자 많은 에너지를 요구한다. 예를 들어, 체내에 수분이 줄어들면 다시 보충하기 위해 물을 섭취하고, 체온이 떨어지면 다시 높이기 위해 따뜻한 곳을 찾아 이동한다. 알로스테시스는 얼핏 보면 고전적인 항상성homeostasis과 비슷하지만, 유기체 전체의 목적을 추구한다는 점에서 좁은 의미의 항상성과는 차이가 있다.

예를 들어, 오랜 기간 음식물이 공급되지 않는 상태에서 생존에 필요한 영양소를 긴급히 조달하기 위해 근손실과 혈액산성도가 감소하는데, 이는 마치 집단이 위기에 처할 때 개인의 안위는 잠시 무시해야 하는 정부의 결정 혹은 팀 전체의 승리를 위해서는 한 선수의 희생은 불사해야 하는 야구감독의 역할과도 유사하다. 알로스테시스의 중요한 특징은 바로 이런 우선순위의 배분이며, 이 때문에 개체 차원의 생존이라는 큰 목적을 위해 신체 특정 기관의 불균형은 일시적으로 무시되거나 우선순위에서 밀려나기도 한다.

알로스테시스의 또 다른 중요한 기능은 앞으로 닥칠 신체항상성의 위기를 미리 예측하여 이를 방지하는 것이다. 그리고 미래에 더 심각한 불균형이 예상된다면, 현재 시급하지만 덜 중요한 불균형은 무시될 수도 있다. 예를 들어, 사막 한복판에서 갈증을 느끼고 체내 수분이 부족한 것을 알게 된다면, 수분을 보충할 방법을 찾기가 어려우

므로 생존이 어려워질 가능성이 높다. 따라서 사막으로 들어가기에 앞서 물을 충분히 확보하거나 사막 내에서 어느 곳으로 가면 물을 얻을 수 있을지를 미리 파악하는 전략이 필요할 것이다. 이처럼 신체항상성의 불균형이 발생하기 전에 미리 이를 예측하고 방지하는 능력은 생존가능성을 높이는 데 매우 중요하며 이를 위해 뇌는 다양한 외부 환경 정보를 활용한다.

성공적인 신체항상성 유지를 위해서 뇌와 신체 간의 원활한 소통은 필수다. 신체 각 기관은 각자에게 발생한 항상성의 불균형을 알리는 신호들을 끊임없이 뇌로 보내고, 뇌는 이러한 신호들을 수집하여 좀 더 우선적으로 관리되어야 할 기관을 선별해 항상성을 유지시킨다. 나아가 다음번에는 이를 좀 더 일찍 예측해 예방할 수 있는 외부 신호들을 찾기 위해 노력한다. 뇌는 신체와 환경 간의 소통을 위해 만들어진 특별한 기관이며, 뇌가 평생 수행하는 모든 활동은 이처럼 신체항상성의 불균형을 미리 예측하고, 방지하기 위해 환경을 활용하여 최선의 방법을 끊임없이 고안해내는 일이라 해도 과언이 아니다.

살아가는 동안 우리는 수많은 신체항상성의 불균형을 경험하면서 접근이나 회피 등을 통해 불균형을 해결하고자 노력한다. 어떤 경우는 성공적으로 해결하고, 어떤 경우는 실패하기도 하는데 성공의 경험은 행동을 더 강화시키고, 실패의 경험은 새로운 행동을 탐색하도록 만든다. 한 예로, 우연히 들른 한 식당에서 큰 만족감을 느끼게 되면 이후에도 그곳을 방문하게 되지만, 만약 음식 맛과 서비스에 실망

했다면 다른 식당을 찾게 된다. 모든 성공과 회피의 경험들은 사라지지 않고 뇌 속에 차곡차곡 쌓여 반복을 통해 피드백이 자동화된다. 이렇게 자동화된 경험치는 우리가 의식하지 못하더라도 선택에 영향을 주게 되며, 내 의지와 무관하게 나의 행동을 지배하는 강력한 습관이나 편견으로 굳어지기도 한다. 이처럼 과거의 경험을 토대로 앞으로 다가올 신체항상성의 불균형을 성공적으로 방지해주는 자극들에 대해 우리는 거의 자동적이고 반사적으로 반응하게 되는데, 이러한 자극을 우리는 보상이라 부른다.

처벌로부터 벗어나고자 하는 회피행동과 어떤 보상을 얻기 위한 접근행동은 겉으로 보기에는 매우 달라 보이지만, 모두 신체항상성에 발생한 불균형을 해결하는 방식이라는 점에서 동일하다. 단지 불균형을 해소하기 위해 취하는 행동이 얼마나 명확하고 자동화되어 있느냐의 차이만 존재한다. 예를 들어, 배고픔을 달랠 수 있는 음식이나 따분한 수업시간으로부터의 해방을 알리는 종소리는 모두 신체항상성의 불균형을 해소하는 보상이 될 수 있다.

신경학적 공동통화의 탄생

배고픔이나 통증과 같이 즉각적인 해결책을 요구하는 신체항상성의 불균형을 가능한 미리 예측하고 방지하려는 알로스테시스 과정은,

신체항상성과 직접적으로 관련 없는 돈이나 칭찬과 같은 새로운 보상 또한 만들어낸다. 우리는 이러한 보상들을 가리켜 이차적 보상이라 부른다. 이차적 보상은 일차적 보상에 비해 세 가지 주요 특성들을 가진다.

첫째는 예측성이다. 이차적 보상은 지금 당장 필요하지 않더라도 미래에 발생할 수 있는 신체항상성의 불균형을 미리 방지해줄 수 있다. 예를 들어, 돈이라는 보상은 현재보다 미래에 겪게 될 배고픔에 대비하는 데 도움이 될 수 있다. 둘째는 포괄성이다. 이차적 보상은 다양한 신체항상성의 불균형 신호들에 대해 일일이 대응할 필요 없이 이들을 통합적으로 해결해줄 수 있는 효율적인 보상이다. 한 예로, 돈은 음식, 물, 편안한 휴식처를 모두 얻을 수 있도록 해주는 하나의 만능보상이라는 점에서 여러 보상을 개별적으로 얻기 위해 필요한 비용을 줄여줄 수 있다. 셋째는 영속성이다. 신체불균형이 해소되더라도 이차적 보상을 얻고자 하는 욕구는 사라지지 않는다는 것이다. 예를 들어, 포만감과 함께 사라지는 음식에 대한 보상가와는 달리, 돈과 같은 이차적 보상은 훨씬 장기적이고 지속적인 동기를 만들어내는 주요 원동력이 될 수 있다.

이러한 특성들 때문에 이차적 보상은 처음 학습되기는 어렵지만, 일단 학습되고 나면 일차적 보상보다 우리의 행동을 훨씬 더 강력하게 지배할 수 있다. 끊임없이 더 강한 보상을 얻고자 하는 인간의 집착은 무척이나 강해서 신체항상성의 불균형을 일부러 유발하기도 한다. 롤러코스터, 공포영화, 암벽등반, 스카이다이빙과 같이 감당할 수 있는 불균형이 커질수록 이를 해소한 뒤에 오는 쾌감도 커지며, 그만큼 이에 대한 집착도 커진다.

우리는 일상에서 수많은 보상을 서로 비교하고 선택한다. 돈을 얻기 위해 시간을 포기하기도 하고, 원하는 음식을 먹기 위해 돈을 낸다. 사람들은 어떻게 서로 다른 보상들을 짧은 시간에 정확히 비교하여 선택을 내리는 것일까? 이 질문에 대해 고민해 왔던 경제학자들은 '공동화폐'라는 개념을 만들었다. 다시 말해, 모든 보상은 먼저 공동화폐로 환산되고, 이 환산된 값으로 보상 간의 비교가 이루어진다는 것이다. 이것으로 고민이 해결되었을까? 물론 아니다. 이 공동화폐가 과연 실제로 존재하는지를 증명해야만 했다. 새로운 고민이 커지는 중에 반가운 소식이 들려왔다. 음식, 돈, 자동차, 집 등과 같은 다양한 종류의 보상에 공통적으로 반응하는 뇌 부위가 발견된 것이다.

복내측 전전두피질이라 불리는 부위는 영장류, 특히 인간에게서 잘 발달했고, 감정조절과 선택의 가치계산 등의 기능으로 잘 알려져 있다. 다양한 보상들에 공통적으로 반응하는 이 부위는 경제학자들이 오랫동안 찾아온 공동화폐의 개념과 잘 들어맞는다. 이를 통해 우리는 1초도 안 되는 짧은 시간에 어떤 보상이 나의 생존과 번식에 얼마나 유리한지를 계산하고, 다양한 보상들과 비교할 수 있는 것이다. 복내측 전전두피질이 환산하는 공동화폐의 단위는 세상에 존재하는 그 어떤 보상의 단위와도 구분된다. 내 일생의 경험들이 녹아 있는 이

복내측 전전두피질과 문내측 전전두피질의 해부학적 위치

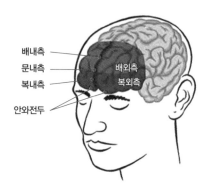

공동화폐의 단위는 나의 신체항상성 유지에 대한 기여도를 나타내며, 오직 나에게만 의미를 띠는 세상에 존재하는 단 하나의 화폐라고 할 수 있다.

사회적 행동의 기원, 인정 욕구의 탄생

앞서 소개한 신경학적 공동화폐인 복내측 전전두피질은 물질적인 보상뿐 아니라 타인으로부터의 칭찬이나 인정과 같은 사회적 보상에도 반응한다. 우리는 일상 속에서 타인의 비난을 감수하고 돈을 선택하기도 하고, 때로는 돈을 포기하고 타인의 호감을 선택하기도 하는데, 이러한 보상 간의 비교 또한 복내측 전전두피질의 공동화폐기능을 통해 이루어진다고 볼 수 있다. 이때 선택의 순간에 나타나는 개인차는 그 사람이 그동안 겪어온 경험들을 통해 돈과 칭찬이라는 보상이 신체항상성 유지에 얼마나 기여했는지를 보여준다. 일례로 타인으로부터의 인정과 호감이 자신의 신체항상성 유지에 도움이 됐던 경험이 많은 사람일수록 돈보다는 사회적 보상을 선택할 가능성이 높을 것이다. 높은 가치의 공동화폐로 환산되는 사회적 보상은 영웅적인 이타행동이나 유혹을 이겨내는 자기통제력 등의 원동력이 될 수 있다.

수많은 이차적 보상 중에서 특히 사회적 보상이 중요한 이유가 있을까? 우선 사회적 보상은 일생에서 가장 먼저 학습되는 이차적 보상이다. 태어나는 그 순간부터 아기의 신체적 욕구들을 해결하는 데 가장 크게 기여한 '타인'이라는 존재는 오랜 발달 과정을 거치면서 그 어떤 보상보다 강력한 것으로 각인될 수 있다. 또한, 사회적 보상은 포괄적이다. 생존의 극대화를 위해 협력을 선택하게 된 인간에게 있어서 타인으로부터의 긍정적인 평가를 받는 것은 생존의 목적을 위해 매우 중요하다. 여기에서 더 나아가 타인으로부터 호감을 얻고 인정받는 것은 번식의 목적에도 부합한다. 이 세상엔 수많은 보상이 존재하지만, 생존과 번식의 목적에 모두 부합하는 보상은 흔치 않으며 이러한 맥락에서 사회적 보상은 매우 독보적이다.

인간이라는 종은 신체항상성을 유지하고, 후대에 유전자를 전달하고자 하는 생명의 가장 근원적인 목적을 위해 노력하도록 진화해 왔다. 그리고 이를 위해 주변의 외부 환경을 최대한 활용하도록 발달시

켜온 알로스테시스 과정의 결과물이 바로 '인정 욕구'라고 할 수 있다. 인정 욕구는 인간이라는 종을 다른 종들과 구분하는 가장 핵심적인 특성이다. 물론 인간의 복잡한 사회적 행동들을 모두 인정 욕구와 연결 짓는 것은 쉽지 않다. 그 이유는 자신이 속한 사회적 환경 내에서 인정 욕구를 충족시킬 최적의 전략을 찾기 위해 끊임없이 노력하는 과정에서 인정 욕구의 본 모습은 가려지고, 다양한 형태의 사회적 행동들만 겉으로 드러나기 때문이다. 심지어 인정 욕구는 겸손과 같이 정반대인 것처럼 보이는 행동으로까지 그 모습을 감추기도 한다.

개인의 사회적 행동이 모여 문화를 만들고, 이렇게 만들어진 문화는 다시 다음 세대가 가진 인정 욕구에 의해 빠르게 재학습된다. 지난 세대가 이룬 문화의 핵심을 안정적으로 전달하는 동시에 변화하는 환경에 유연하게 대처하기 위한 최소한의 정보만을 전달하기 위해 인정 욕구는 인간이 발명한 가장 효율적인 세대 간 문화 전달 매개체가 될 수 있다.

인정 욕구의 여러 얼굴

다양한 문화들 속에 감춰진 인정 욕구를 들여다보는 일은 해당 문화를 학문적으로 이해하기 위해서 그리고 그 문화와 관련된 사회적 문제에 대해 더 효과적인 해결방법을 찾기 위해서도 매우 중요한 일이다. 이번엔 공정성, 도덕성, 이타성, 죄책감, 수치심, 자기방어, 편견, 차별, 혐오 등 다양한 사회적 행동들 이면에 감춰진 인정 욕구를 살펴보는 과학적 증거들에 대해 알아보도록 하자.

• 공정성

공정한 사회는 최근 그 어느 때보다 더 우리 사회에서 중요한 가치로 떠오르고 있다. 아마도 지속가능한 사회를 만들기 위해 공정성이 보장되어야 한다는 데 이견을 가진 사람은 많지 않을 듯하다. 하지만, 막상 공정한 사회의 모습을 한번 그려보라고 하면 모두 제각각이며 추상적이고 모호하기만 하다. 공정한 사회에 대한 합의가 존재하지 않는 상황에서 공정한 사회를 이루려는 노력이 과연 성공할 수 있을까? 혹시 모든 사람이 공정한 사회를 꿈꾸는 보다 정확한 이유를 이해하는 데 그 답이 있지는 않을까?

최후통첩 게임이라는 한 경제학 실험에서는 실험자가 제안자에게 일정 금액을 지급하고, 제안자는 이 금액의 일부를 반응자에게 나누어 준다. 반응자는 제안자가 준 금액이 공정하면 수락하고, 공정하지 않으면 거절할 수 있다. 만약 거절하게 되면 제안자와 반응자 모두 돈을 잃게 된다. 이 게임에서 제안자가 반응자에게 공정하게 돈을 나눌때 실제 받은 액수의 크기와는 상관없이 반응자의 뇌에서는 쾌감과 관련된 뇌 부위와 공동통화 기능으로 알려진 복내측 전전두피질이 함께 활성화된다. 반대로, 불공정한 제안을 받는 순간에는 통증이나 혐오감에 반응하는 뇌 부위가 활성화된다.

공정함에 기뻐하고, 불공정함에 분노하는 이유는 상대방과 나의 사회적 관계가 드러나기 때문일 수 있다. 불공정한 제안을 거절하는 이유는 금전적 손해보다 무시당했다는 느낌이 주는 사회적 보상의 회복이 더 중요하기 때문일 수 있다. 불공정에 항거하는 분노행동은 불평등한 사회적 관계로 예상되는 생존의 위협, 즉 신체항상성의 불균형을 미리 예측하고 방지하기 위한 알로스테시스 과정으로 해석할 수 있다.

더 흥미로운 사실은 공정성에 대한 반응이 간단한 호르몬 처치만으로도 바뀐다는 점이다. 테스토스테론이라는 호르몬을 주입받은 사람들이 불공정한 사람을 더 혹독하게 처벌하고, 공정한 사람에 대해서는 더 너그러운 것으로 밝혀졌다. 이 호르몬은 많은 동물연구를 통해 무리 중에서 자신의 지위를 높이려는 욕구와 관련된 것으로 잘 알려져 있다. 모두가 공정한 사회를 꿈꾸는 주요 원동력은 사회를 이루는 구성원들 각자의 존중받고 싶은 욕구들이다. 공정한 사회는 이미 결정된 어떤 특정한 상태가 아니다. 인정받고, 존중받고 싶은 개인의 욕구들이 모여 서로 부딪히며 새로운 균형 상태를 찾아가는 힘에서 만들어진다.

• 도덕성

나와는 직접적인 관련이 없는 사건에 대해서도 우리는 거의 매일 수없이 많은 도덕적 판단을 내린다. 사회를 유지하기 위해 옳고 그름에 대한 도덕적 기준은 반드시 필요하지만, 절대불변의 도덕적 기준이 과연 존재하는지에 대한 의문은 여전히 끊이지 않는다. 실제로 도덕적 기준이 되는 원리는 무엇이며, 이에 대해 뇌과학은 어떠한 새로운 관점을 제시해줄 수 있을까? 도덕성에 관한 뇌과학 연구는 그 유명한 트롤리 딜레마^{trolley dilemma}를 중심으로 시작되었다.

사람들에게 브레이크가 고장 난 트롤리 상황을 제시하고 다수를 구하기 위해 소수를 희생할 수 있는지를 판단하게 하는 문제상황에서, 사람들은 이를 매우 불편해하고 어떤 결정을 쉽게 이행하지 못한다. 소수를 희생시키는 결정은 공리주의적 선택, 그 반대의 결정은 의무론적 선택이라 부른다. 생각해 보면 이러한 상황은 우리에게 매우 익숙하다. 많은 영화나 드라마에서 소수의 약자들이 다수의 이익을 위해 희생되는 상황에 저항하는 사람을 영웅으로 묘사하곤 한다. 실제로 사람들은 일반적으로 공리주의자보다는 의무론자들을 더 선호하고, 누군가 자신을 지켜보고 있다면, 사람들은 공리주의적인 선택보다는 의무론적 선택을 하게 될 확률이 커진다.

다수를 위해 직접 소수를 희생시켜야 하는 도덕적 판단의 상황에서 복내측 전전두피질의 활성화 수준은 높아지고, 이 부분이 손상된 환자들은 정상인들에 비해 큰 거부감 없이 공리주의적 선택을 하는 것으로 밝혀졌다. 복내측 전전두피질에 저장된 도덕적 정보는 타인의 호감을 얻고, 비난을 피할 수 있도록 해주었던 이전의 경험들이 일생 동안 누적되어 형성된 직관이라고 할 수 있다. 이러한 직관적 도덕 가치는 사회적으로 바람직한 행동을 생존과 번식의 목적과 연결시키기 위해 학습해온 뇌의 알로스테시스 과정의 결과물이다.

타인의 시선을 의식하고 더 좋은 사람으로 보이고 싶은 인정 욕구는 그 사회의 도덕성을 형성하고 유지하는 중요한 토대일 수 있다. 이러한 도덕성의 한계성을 인식하지 못하고, 자신이 가진 도덕적 기준의 보편성을 맹신하며 이를 무리하게 타인에게 적용하려 하는 태도야말로 위험할 수 있다.

• 이타성

생면부지의 타인을 구하기 위해 자신의 생명을 내던진 위인들의 사례를 종종 접하곤 한다. 과연 그들은 평범한 이들과는 전혀 다른 종류의 사람들인가? 그렇다면 무엇이 그들을 이토록 놀라운 이타적 영웅으로 만들었을까? 흔히 순수하고 강력한 이타적 동기에 관해 설명할 때, 우리는 아무 대가 없이 남을 돕는 행동 뒤에 느끼는 즐거움과 만족감이라는 보상을 예로 든다. 그렇다면 보상의 쾌감을 느끼기 위해 타인을 돕는 행동을 과연 순수한 이타행동이라고 부를 수 있을까? 과연 이타적 행동 뒤에 오는 쾌감의 근원은 무엇일까?

이타성과 쾌감 간의 관련성에 대한 이론적 설명으로 '학습된 직관educated intuition'과 '값비싼 신호costly signaling' 두 가지 이론에 관해 살펴보자. 먼저 학습된 직관 이론은 이타적 행동이 생존과 번식이라는 궁극적인 욕구를 해결하기 위해 인간이 학습해온 이차적 욕구의 결과물이라고 설명한다. 그리고 이와 유사하게 값비싼 신호 이론에 의하면, 이타성은 자신이 생존과 번식을 위해 최적화된 개체라는 것을 다른 개체들에게 알리기 위해 지불해야 하는 일종의 비용이라고 주장한다.

여러 연구를 통해 타인 혹은 자선단체를 위해 자신의 금전적 이익을 포기하는 결정을 내리는 순간, 복내측 전전두피질을 포함하는 보상 및 쾌감과 관련된 뇌영역들이 활성화되는 것으로 밝혀졌다. 앞서 언급한 것처럼 사회적 보상은 물이나 음식 등과 같은 일차적인 보상처럼 신체항상성의 불균형을 직접 해결해주지는 않는다. 하지만, 나보다 타인이나 공동체를 우선시하고, 자신을 희생하는 사람이 다수의 타인들로부터 호감을 얻고 존중과 감사를 받음으로써 오히려 더 높은 생존확률을 가질 것임은 분명하다. 따라서, 인간은 자신이 속한 사회 내 구성원들을 위해 다양한 이타적 행동을 만들고, 그에 대한 결과로 사회적 보상을 얻음으로써 궁극적으로 사회 속에서 생존과 번식의 목적을 이룰 수 있게 된다. 이처럼 순수한 것처럼 보이는 이타적 행동 역시 일생 동안 사회적 제약 속에서 발달시켜 온 인정 욕구가 급박한 상황에 의해 촉발되는 고도로 자동화된 알로스테시스의 결과물이라고 볼 수 있다.

이타성에 대한 이러한 해석은 매우 불편할 수 있다. 우리는 인정 욕구와 이타성을 서로 반대말로 배워왔기 때문이다. 하지만 우리는 뇌과학을 통해 이 둘 간의 연결을 직시할 필요가 있다. 영웅적 이타행위를 향한 대중의 찬사는 도덕적 우월감과 권력감으로 이어질 수 있다. 게다가 순수한 이타성에 대한 지나친 집착은 이타행동의 숨은 동기를 찾아내기 위한 질투와 의심을 부추겨 오히려 이러한 행동을 이끌어내는 데 방해요인이 될 수 있기 때문이다. 이제 막연한 동경심과 뿌듯함으로 얼룩진 이타성에 대한 두리뭉실한 설명을 걷어내고, 이타성의 과학적 실체를 세밀히 들여다보아야 한다.

• 죄책감, 수치심 그리고 자기방어

주로 타인과의 관계에서 느끼는 수치심과 죄책감 등의 감정은 때로는 물리적 고통이 주는 괴로움보다 클 수 있다. 이러한 마음들은 주로 자신의 상태에 대한 인식을 수반한다는 점에서 자기의식적 감정 self-conscious emotion 이라 불리기도 한다. 주변 사람들로부터 기대만큼 충분히 인정받지 못할 때, 이를 회복하기 위한 노력을 촉발시킨다는 점에서 자기의식적 감정들은 생존에 유리할 수 있다. 하지만 수치심과 죄책감은 한 개인을 파멸로 이끌기도 하고, 때로는 주변 사람들에게 심각한 피해를 끼치기도 한다. 수치심과 죄책감에 순응하여 자신을 변화시킬 때 우울감으로 이어질 수 있고, 이에 반발하여 타인을 변화시키고자 할 때 공격적인 자기방어행동이 나타날 수 있다. 결과가 어떻든 이는 모두 나름대로 위기 상황에서 자신의 생존확률을 높이고자 치열하게 노력한 결과물들이다.

자기방어행동에 관한 최근 한 연구에서, 초등학생과 중학생의 경우 자신이 만든 작품의 창의성을 부정적으로 평가한 타인의 작품을 똑같이 부정적으로 평가하는 경향성을 보였다. 타인의 부정적 평가가 유발시킨 수치심이 공격적 자기방어행동으로 표출된 경우라고 할 수 있다. 그리고 이러한 행동은 복내측 전전두피질 활동의 증가와 관련되었다. 이 연구에서 특히 흥미로운 부분은 좀 더 성숙한 대학생들의 반응이었다. 이들은 초등학생이나 중학생들과 달리 자신의 작품을 부정적으로 평가한 타인에 대해 즉각적으로 반응하지 않았다. 대신, 자신에 대한 부정적인 평가가 누적될수록 관련 없는 다른 사람들의 창의성을 깎아내리는 경향성을 보였다. 얼핏 잘 이해하기 어려운 행동이지만, 좀 더 세밀히 들여다보면 이 행동은 매우 영리하다. 타인의 부정적인 평가에 바로 부정적으로 맞서는 치졸함에서 벗어날 수 있는 데다, 나의 상대적인 지위를 높일 수도 있는 정교한 전략적 자기방어행동이라고 할 수 있다.

자기방어행동의 범위는 종종 나뿐 아니라 내가 속한 집단으로까지 그 영역을 확장시키곤 한다. 한 예로, 복내측 전전두피질은 자신과 유사한 사람을 볼 때 더 활성화되며 경쟁적인 타 집단에 대해 공격적인 행동을 보일 때 증가한다. 내가 속한 집단의 우월함을 증명하기 위해 경쟁적인 타 집단을 비방하고 공격하여, 내집단의 지위를 높이려는 반사회적 행동은 과도한 인정 욕구의 발현으로 설명될 수 있다. 이처럼 사회를 병들게 하는 다양한 형태의 집단 간 갈등의 이면에서도 우리의 사고와 행동을 왜곡시키는 인정 욕구를 찾아볼 수 있다.

타인의 부정적 평가에 대한 자기방어행동 역시 신체항상성의 불균형을 예측하고 방지하기 위해 외부 신호들을 활용하는 뇌와 신체의 상호작용인 알로스테시스 조절 과정으로 볼 수 있다. 다시 말해, 타인의 평가는 항상성의 균형을 깨뜨리는, 즉 스트레스를 유발하는 외부 자극이다. 그리고 자기방어행동은 이러한 외부 자극에 대항하여 항상성을 유지하기 위한 뇌의 적응적 노력이자, 이는 우리가 일생 동안 정교하게 다듬어온 전략적인 알로스테시스 조절기제의 결과로 볼 수 있다.

타인의 부정적 평가에 의해 일시적으로 유발된 항상성의 불균형은 비교적 쉽게 회복될 수 있지만, 반복되거나 그 수위가 높으면 항상성의 불균형은 다시 균형상태로 돌아가기 쉽지 않을 수 있다. 이런 상태가 지속된다면 타인의 사소한 부정적 평가에도 과두하게 공격적으로 대응하는 극단적인 자기방어적 태도를 보일 수 있으며, 이는 흔히 말하는 낮아진 자존감 상태에 해당한다. 예를 들어, 나를 돋보이게 하고 다른 이들로부터 인정받기 위해서 누군가를 비난한 경우를 생각해 보자. 무고한 사람들을 비난한 것에서 오는 죄책감을 느끼게 되면 이로부터 도망치기 위해 자신의 비난을 정당화시키기 위한 거짓말이나 합리화로 이어질 수 있다. 이처럼 항상성의 불균형을 유발한 원인을 정확히 인식하고 이를 해소하지 못하면, 자기방어행동은 항상성을 더 악화시키는 방향으로 발달하고, 결과적으로 불균형은 점점 더 심화될 수 있다.

• 편견, 차별 그리고 혐오

편견과 차별 그리고 혐오는 우리 사회에 만연해 있다. 시간이 흐를수록 그리고 우리 사회가 성숙해질수록 점차 사라질 것이라는 소박한 믿음을 비웃듯, 경제적 위기나 자연재해 등이 나타날 때 특히 거세게 휩쓸아치며 힘든 삶을 한층 더 가중시키곤 한다. 그중에서도 루키즘lookism 혹은 외모지상주의는 우리 사회의 대표적인 편견이다. 일반적으로 사람들은 매력적인 사람은 그렇지 않은 사람에 비해 더 건강하고 더 뛰어난 적응적인 특성을 가졌다고 믿으며, 심지어 이러한 믿음을 지지하는 연구결과들도 존재한다. 그러나 이러한 믿음이나 연구결과들은 단지 상관에 불과할 뿐 인과관계를 입증하기 어려운 것이 대부분이다. 다시 말해, 사회적 편견이 매력적인 사람의 뛰어난 특성을 만들어 낸 것인지 아니면 이들의 타고난 특성이 사회적 편견으로 이어진 것인지 확인하기 어렵다.

한편, 이러한 편견의 원인에 대해 설명하는 또 다른 흥미로운 이론이 있다. 처리유창성processing fluency이라 불리는 이론에 따르면, 우리가 매력적인 얼굴에 끌리는 이유는 생존을 위해 처리해야 할 정보를 최대한 단순화시키려는 뇌의 경향성 때문이다. 즉, 다양한 정보를 모두 처리하기에 턱없이 용량이 부족한 뇌는 최소한의 노력으로 최대한의 효과를 얻을 수 있는 정보를 선호하게 된다는 것이다. 이를 지지하는 증거로 대부분의 사람들이 많은 사람의 얼굴을 모아 평균을 낸 얼굴에서 매력을 느낀다는 사실을 들 수 있다. 평균적인 얼굴을 더 선호한다는 말이 다소 역설적으로 들릴 수 있지만, 이는 매력도에서의 평균치를 말하는 것이 아니라 많은 얼굴들을 대표한다는 의미에서의 평균치를 말한다. 즉, 최대한 많은 사람들의 얼굴로부터 수집된 특징들을 응축적으로 내포한 얼굴은 효율성이 높은 정보이며 우리는 이렇게 높은 정보효율성을 지닌 얼굴을 자연스럽게 선호한다는 것이다.

생존을 위해 집단생활을 피할 수 없는 인간에게 타인의 얼굴은 생존을 위해 중요한 정보이고, 다양한 타인의 얼굴을 대표하는 평균적 얼굴은 별다른 노력 없이도 쉽게 탐지할 수 있는 효율적인 보상이 될 수 있다. 이는 마치 그림 속에 숨겨진 고양이를 찾아야 하는 숨은그림찾기 퍼즐에서 가장 전형적인 고양이의 특징을 가진 고양이가 한눈에 들어왔을 때 느끼는 쾌감과도 유사하다. 반대로, 평균에서 크게 벗어나는 특이한 생김새의 고양이를 보면 왠지 불편하고 난감할 수 있다. 이처럼 인간은 '분류하기 어려운 대상'을 '비호감'이라는 가치판단과 연결시킬 정도로 정보처리에 인색하다.

매력적이거나 호감이 가는 사람을 볼 때도 복내측 전전두피질이 활성화된다. 매력적인 사람은 대중의 인기를 쉽게 얻고, 대중의 인기를 얻는 사람은 권력을 가지게 된다. 당연하게도 복내측 전전두피질은 나보다 높은 계급의 사람과 나의 의견이 일치할 때에도 활동이 증가한다. 매력적인 얼굴, 권력이나 대중적 인기를 가진 사람은 최소의 노력으로 생존가능성을 극대화하기 위해 나의 물리적·심리적 자원을 집중해야 할 대상이며 따라서 효율적인 보상이다.

SNS 유명 인플루언서나 스타 유튜버의 일거수일투족에 촉각을 곤두세우고, 그들의 행동을 따라하는 것은 나의 사회적 지위와 사회적 적응력을 높이는 데 유용하므로 그들의 말과 행동은 나에게 중요한 나침반이 된다. 예상했듯이, 복내측 전전두피질의 활동은 나보다 낮은 계급의 사람과 나의 의견이 일치할 때는 활동이 증가하지 않는다. 이처럼 특정 대상을 향해 나의 자원을 집중시키면 자연스럽게 이와 반대되는 대상에 대해서는 관심이 줄어든다. 심지어 혐오감마저 느낄 수 있다. 이때 혐오감은 죽음, 질병 등과 같이 나의 생존을 위협할 수 있는 대상들에 대해 느끼는 감정과 유사하다. 이런 관점에서 볼 때, 외모가 다르거나 계급이 낮은 사람들에 대한 혐오감이 커졌다는 것은 생존과 사회적 인정에 집착하는 우리의 욕구가 과도한 수준에 도달했음을 알리는 중요한 신호가 될 수 있다.

알로스테시스 과부하

신체의 항상성을 위협하는 모든 종류의 자극은 스트레스를 유발한다. 배고픔을 느끼는 상황이든, 쫓아오는 포식자로부터 도망쳐야 하는 순간이든 신체의 항상성이 위협받고 있는 모든 상황에서 우리는 스트레스를 경험한다. 일시적인 스트레스로 신체항상성의 불균형이 발생할 경우, 신체는 쉽게 항상성을 회복할 수 있다. 하지만, 높은 강도의 스트레스가 반복된다면 항상성을 회복하는 속도가 느려질 수 있고, 이런 상태가 지속될 경우 항상성의 상태로 돌아가는 것이 불가능해질 수도 있다. 이는 마치 신체항상성이라는 트램폴린 위에 스트레스라는 무거운 쇠공을 올려놓아 탄력을 완전히 잃어버린 상태와 유사하다. 이처럼 반복된 스트레스로 인해 신체항상성의 불균형이 지속되는 상태를 알로스테시스 과부하allostatic load 상태라고 부른다. 예를 들어, 일진에게 괴롭힘을 당하는 상황에 오랜 기간 노출될 경우, 괴롭힘을 피하고 자신을 보호하기 위한 방법을 찾는 데 노력하느라 식욕은 사라지고, 건강도 저하된 상태를 떠올려보자. 바로 알로스테시스의 우선권 분배 기능에 의해 자원이 한쪽으로 몰리는 불균형 상태가 고착된 상태이다.

설상가상으로 이렇게 고착된 불균형 상태는 이후에 경험하는 모든 정보들을 왜곡시키기도 한다. 이전에는 가볍게 넘겼을 스트레스도 이미 발생한 불균형과 연결되어 이를 더 악화시키는 쪽으로 작용하게 된다. 이는 마치 트램폴린 위로 던져진 가벼운 공들이 가운데 놓인 무거운 쇠공 쪽으로 모두 빨려 들어가는 현상과 유사하다. 한 예로, 자존감에 큰 상처를 입은 뒤에는 주변 사람들의 사소한 말투나 행동에 이전과는 다르게 매우 민감하게 반응하게 되며, 가벼운 농담도 자신을 비웃거나 무시하는 행위로 받아들이는 상태를 들 수 있다. 실제 존재하지 않거나 실제보다 과대 추정된 신체항상성의 불균형을 회복하기 위해 밑 빠진 독에 물 붓기처럼 모든 자원을 끌어와 끊임없이 들이붓는 상태이다. 이처럼 생존의 문제를 더욱 효율적으로 해결하기 위해 발달한 알로스테시스 기제가 오히려 신체항상성의 불균형을 악화시켜, 오히려 생존을 위협하는 존재로 바뀌는 상황을 우리 주변에서 쉽게 찾아볼 수 있다. 예를 들어, 처음엔 더 행복하고 윤택한 삶을 위해 열심히 돈을 벌었지만, 점차 돈 자체가 인생의 목표로 바뀌면서 가족과 건강에 소홀해지고, 급기야는 생존을 위협받는 상황으로까지 내몰릴 수 있다. 이처럼 알로스테시스 과부하는 대부분의 신체적·심리적 질환의 공통적 원인이 될 수 있다.

다만 알로스테시스 과부하는 부정적인 자극뿐 아니라 과도한 보상과 같은 긍정적인 자극에 의해서도 발생한다. 여기서 말하는 '과도함'이란 절대적이 아닌 상대적인 개념이며, '기대보다 큰' 보상은 모두 과도한 보상이 될 수 있다. 기대하지 않았던 보상을 경험하면 쾌감도 크지만, 보상에 대한 기대 수준도 높아지게 된다. 기대 수준이 바뀐다는 것은 신체항상성의 기준점이 바뀐다는 것을 말하며 일종의 알로스테시스 과부하 상태로 볼 수 있다. 그리고 높아진 기대 수준은 보상을 경험하기 전의 평범했던 상태를 견디기 어려운 불쾌한 상태로 만든다. 이렇게 불쾌함으로 바뀐 평범함의 상태에서 벗어나려는 노력은 끊임없이 더 강한 보상을 갈구하게 만들고, 평범함은 점점 더 불쾌한 것으로 변해간다. 대중으로부터의 과도한 인기가 오히려 우울증이나 대인기피증으로 이어지는 경우나 대기업 사장이 직원들에게 분노하고 갑질을 일삼는 경우들이 모두 이에 해당할 수 있다. 나아가 자신이 속한 집단과 자신을 동일시할 때, 알로스테시스 과부하로 초래된 낮은 자존감은 맹목적 내집단 선호 혹은 타 집단 공격과 험담으로 표출될 수 있다.

기대보다 큰 보상이 유발한 순간의 행복감은 기대 수준을 높이고, 항상성의 기준점을 변경시켜 오히려 불행의 폭을 확장시킬 수 있다. 최대한 일찍 신체항상성의 불균형을 예측하여 이를 방지하려는 뇌의 탁월한 기능이 오히려 불균형을 심화시켜 행복감을 경험하기 어려운 상태를 초래하게 되는 것이다. 어쩌면 불행이 증가하는 주된 원인은 바로 우리가 행복을 추구하는 노력 그 자체가 아닐까?

감정 알아차리기

그렇다면 알로스테시스 과부하로부터 벗어나는 길은 없을까? 물론 정도의 심각성에 따라 약물이나 전문적 치료가 필요한 경우도 있다. 하지만, 이미 살펴본 것처럼 알로스테시스 과부하는 정상인들의 일상생활 속에서도 쉽게 발생할 수 있다. 이러한 일상의 문제들에 대해 다수의 자기계발서는 자기 자신을 인식하고, 자신의 감정을 알아차려야 한다고 조언한다. 그럼 이번에는 감정 알아차리기를 통해 알로

© Unsplash

뛰어난 공감 능력은 자신의 감정을 섬세하게 분류함으로써

신체로부터 오는 신호들을 매 순간 예민하게 포착해

적절한 반응을 찾는 삶의 태도로부터 온다.

스테시스 과부하로부터 벗어나거나 이를 방지할 수 있는 방법의 뇌과학적 원리에 대해 한번 살펴보도록 하자.

끊임없이 뇌로 전달되는 신체항상성 불균형을 알리는 신호들은 감정을 구성하는 데 있어 매우 중요한 재료가 된다. 이 신호들을 토대로 우리 뇌는 신체 상태가 예측된 상태와 일치하는지 혹은 예측으로부터 벗어났는지 끊임없이 모니터링한다. 최근 이론들에 의하면, 이 때 신체 상태가 뇌가 예측한 상태와 다르면 예측오류가 발생하는데, 이 예측오류가 바로 우리가 느끼는 감정이다. 다시 말해, 감정이란 신체의 항상성이 깨졌거나 앞으로 깨질 수 있음을 감지한 뇌의 반응, 혹은 신체항상성 불균형의 회복을 위해 조치가 필요함을 알리는 뇌의 알람신호라고 할 수 있다. 예를 들어, 누군가의 비난에 괴로운 감정을 느끼는 이유는 이러한 비난이 초래할 나의 신체항상성 불균형(사회로부터의 격리로 인한 생존의 위협)을 미리 예측하고, 이를 방지하기 위한 행동(타인으로부터의 신뢰와 호감을 회복하기 위한 사회적 행동)을 촉발하기 위함이라고 볼 수 있다.

우리의 신체 상태는 끊임없이 변화하고, 항상성 조절을 위해 각 신체기관이 뇌로 보내는 신호가 만들어낼 수 있는 조합은 무한대에 가깝다. 따라서 엄밀히 말하면 우리가 정확하게 동일한 '감정'을 두 번 이상 경험하는 일은 거의 없다. 시시각각으로 변하는 컨디션에 따라 매 순간 최적의 반응을 찾기엔 뇌의 용량이 턱없이 부족해서, 뇌는 비슷한 신체 상태들을 묶어서 하나로 간주하고, 같은 방식으로 반응하는 전략을 고안했다. 이 과정에서 만들어진 것이 바로 분노나 행복 등의 이름을 가진 감정들이다.

하지만 이처럼 정교하지 못한 언어를 기반으로 모든 신체 상태를 정확히 분류하는 것은 불가능하다. 예를 들어, 거의 같은 신체 신호를 어떤 사람의 뇌는 '분노'로 분류하기도 하고, 어떤 사람의 뇌는 '수치심'으로 분류할 수도 있다. 같은 상황에서 사람들이 다르게 반응하는 이유는 저마다 분류하는 방식이 다르기 때문일 수 있다. 실은 수치심으로 분류되었어야 할 상태를 분노로 잘못 분류할 경우, 부적절하게 주변 사람에게 화를 낼 수도 있다. 이 경우 신체 상태의 불균형을 유발한 정확한 원인이 해소되지 않았으므로 항상성의 회복도 이루어지지 않는다. 이런 상황이 반복되면 불균형은 고착화되고, 심할 경우 더 이상 회복이 어려운 알로스테시스 과부하 상태로 이어질 수 있다.

그럼 신체 상태를 잘못 분류한 탓에 발생하는 부적절한 감정반응은 어떻게 수정할 수 있을까? 현재 나의 뇌에 저장된 신체 상태 예측치들이 신체항상성을 유지하기 위한 최적의 값인지를 파악하는 것은 매우 어려운 일이다. 하지만 뇌가 예측한 신체 상태와 실제 상태 간에 차이가 발생할 때 감정이 유발된다는 사실을 고려한다면, 감정을 경험하는 시점은 뇌와 신체 간의 소통장애를 감지하고 조정하기에 좋은 기회일 것이다. 자신의 감정이나 생각을 돌이켜보고 관찰하는 자기감정인식은, 현재 신체 상태가 정확히 분류되었는지 점검함으로써 '신체항상성 유지'를 더욱 효율적으로 수행하기 위해 발달한 알로스테시스 과정의 가장 핵심적인 본연의 기능이다. 감정을 인식하는 능력과 신체 컨디션을 인식하는 능력은 서로 다르지 않다. 명상훈련 등을 통해 심장박동수 인식능력이 향상되면 자신의 감정을 정확히 묘사하는 능력도 향상된다는 사실이 그 증거가 될 수 있다. 아마도 정확하고 섬세하게 감정을 분류한다는 것은 신체 상태를 세밀하게 분류하여 신체항상성을 유지하기 위한 최적의 반응을 찾아낸다는 것이 아닐까?

흥미롭게도 자기감정인식에 관여하는 뇌부위는 복내측 전전두피질 바로 윗부분에 위치한 문내측 전전두피질인 것으로 보인다. 이 부위는 신체 상태를 뇌로 빠르게 전달할 수 있는 구조적 특징을 지녔고, 신체와 뇌 사이의 소통이 원활한 사람일수록 더욱 활발히 활동한다. 또한, 이 부위는 외부 자극에 집중하는 대신 편안하게 휴식을 취하거나, 타인보다는 자신에 대해 생각하는 동안 주로 활성화된다. 특히 흥미로운 사실은 이 부위가 자신의 생각이나 판단을 점검하는 메타인지기능과 상황이나 맥락을 고려해 충동적인 습관이나 부정확한 직관을 수정하는 기능을 담당한다는 것이다. 감정을 경험할 때, 반응에 반사적으로 이끌리는 대신, 감정을 유발한 신체 신호를 정확히 인식함으로써 범주화된 '단순한 반응패턴'에서 벗어나 정교하고 세분화된 감정반응을 만드는 자기감정인식은, 안정성을 추구하는 복내측 전전두피질의 기능을 보완하여 유연성을 추가하는 문내측 전전두피질 덕분이다.

이 부위가 명상전문가들이 명상에 집중할 때 활발히 활동하는 부위이며, 정상인에 비해 우울증 환자들의 뇌에서 가장 뚜렷하게 그 크기가 줄어드는 부위라는 최근의 연구결과는 어쩌면 당연하다. 강한 부정적 감정에 얽매여 헤어나지 못할 때, 자기감정인식을 통해 감정이 자동적으로 촉발하는 반응에 이끌리는 대신 그 감정의 원인과 결과를 분석하는 시간이 필요하며, 이를 통해 우리의 뇌는 매 순간 변화하는 신체와 외부 환경에 최적화된 능동적이고 유연한 선택을 만들수 있다.

나 자신을 위한 감정, 공감

공감이란 타인과 감정을 공유한다는 점에서 감정의 전이轉移로 정의된다. 별다른 노력 없이 즉각적으로 감정이 유발된다는 점에서 의식적으로 나와 타인의 상황을 이해하려 노력하는 심리적 과정인 '관점이동perspective-taking'과는 명확히 구분된다. 공감은 마치 자극에 대한 반사적 반응처럼 무의식적인 과정인 반면, 관점이동은 감정반응이 결여된 고도의 추론 과정이라고 할 수 있다. 이러한 차이점에도 불구하고 공감과 관점이동은 종종 혼동되기도 하지만, 이 둘은 전혀 다른 신경회로를 사용한다. 공감과 달리 관점이동은 자신의 이익을 극대화하기 위해 혹은 타인의 호감을 얻기 위해 사용될 수 있으며, 타인의 고통에 공감하지 못하는 사이코패스들도 정상적인 관점이동능력을 보이는 것으로 알려져 있다.

타인의 감정에 공감할 때, 우리는 상대방도 나와 똑같은 감정을 경험한다고 믿는다. 과연 그럴까? 실제로 자신의 과거 경험이나 현 신체 상태에 따라 타인을 향한 공감반응이 달라질 수 있다는 증거들이 있다. 예를 들어, 내가 심한 갈증을 느끼는 상태라면 상대방도 심한 갈증을 느낄 것으로 판단하기 쉽다. 이처럼 내 신체 상태에 따라 공감의 종류와 강도가 달라질 수 있으며, 만약 나의 현재 신체 상태가 타인과 유사한 상태에 놓여 있지 않다면, 그 사람과의 공감은 어려울 수 있다. 어쩌면 이 때문에 내가 아직 경험하지 못했거나 나의 신체 상태와 동떨어진 상대방의 경험에 대해서는 공감하기 어려운 것인지도 모른다.

공감은 자기중심적인 감정이다. 타인의 감정에 공감할 때 나는 필연적으로 나 자신의 과거 그리고 현재의 경험을 재료로 사용한다. 사용할 재료가 다르다면, 그 결과물도 다를 수 있는 것은 당연한 일이다. 나의 감정을 타인에게 그대로 투사하는 것은 종종 공감보다는 폭력으로 나타나기 쉽다.

그렇다면 이러한 자기중심성에서 벗어나 타인을 향해 공감을 확장시킬 방법이 있을까? 나를 버리고 타인에게 관심을 돌리라고 많은 이들이 조언하지만, 흥미롭게도 뇌과학이 제안하는 것은 이와 반대다. 역설적이게도 자기중심적인 공감에서 벗어나는 길은 자신의 감정에 더 집중하고 더 세밀히 살피는 것이다. 자신의 내부감각신호에 민감한 사람들은 타인의 감정을 이해하고 공감하는 데 더 유리하다.

예를 들어, 자신의 심장박동수를 정확하게 인식하는 사람은 타인의 표정을 더 정확하게 인식하고, 타인의 고통에 더욱 민감히 공감할 수 있다. 또한, 자신의 감정을 언어로 표현하기 어려운 사람은 타인의 감정에도 공감하기 어려운 것으로 밝혀졌다. 이러한 사실들은 자신의 신체 신호에 귀 기울여 감정을 섬세하게 인식하는 능력과 타인의 감정에 공감하는 능력이 다르지 않으며, 서로 긴밀하게 연결되어 있다는 것을 보여준다. 끊임없는 자기감정인식을 통해 다양한 신체 상태에 상응하는 적절한 감정반응들을 찾아가는 삶의 태도는 풍부하고 섬세한 감정리스트를 만드는 데 기여할 수 있다. 그리고 이렇게 준비된 목록은 타인과의 공감을 위해 사용될 수 있는 풍부한 재료를 제공한다. 다양한 재료를 사용하여 재구성한 타인의 감정은 상대적으로 타인의 실제 감정에 훨씬 더 가깝게 다가갈 수 있다. 타인과 공감한다는 것은 전혀 새로운 신경회로가 만들어지는 것이 아니라, 늘 있었지만 좀처럼 사용되지 않던 내 안의 숨겨진 신경회로를 다시 일깨우는 일로서, 나의 감정을 섬세하게 살펴야만 가능하다.

공감은 더불어 살아야 하는 사회에 없어서는 안 될 매우 중요한 능력이지만, 무작정 타인의 감정을 이해하려고 노력한다고 해서 얻을 수 있는 것은 아니다. 자신의 감정을 살피기도 힘든 상황에서 타인의 감정까지 살필 것을 강요받는다면, 이는 지나친 감정 소모가 될 것이다. 뛰어난 공감 능력은 자신의 감정을 섬세하게 분류함으로써 신체로부터 오는 신호들을 매 순간 예민하게 포착해 적절한 반응을 찾는 삶의 태도로부터 온다. 순간마다 충실하게 자신의 감정을 살피고 귀 기울일 때, 자연스럽게 타인과의 공감은 더 정확해지고 확장될 수 있으며, 타인과의 감정소통 능력 또한 향상될 수 있다. 공감 능력을 키우기 위해 애써 타인의 감정을 이해하고자 노력하기보다는 자신의 감정을 더 정확하게 인지하고, 성찰하려는 노력이 더 중요한 이유다.

마음의 주인

인간의 마음은 인간의 신체가 주변 환경에 적응하면서 겪게 되는 수많은 갈등을 중재하는 과정에서 생겨나고, 생명이 존재하는 한 갈등은 계속될 것이다. 그리고 마음이 제 기능을 점차 잃어가면서 갈등의 빈도와 정도는 점차 줄어들며, 그 과정에서 끊임없이 안정성을 추구하는 우리의 뇌는 수많은 편견, 차별, 혐오를 만들어낸다. 바로 마음의 기능이 점차 쇠퇴하고 있다는 것을 보여주는 중요한 지표들이다. 신체가 환경과 타협하는 과정에서 형성되는 마음의 기능을 인식하는 일은, 그동안 외부 환경에 빼앗겼던 내 마음의 주인 역할을 내 신체에게 다시 돌려주는 과정이다.

생을 마감하는 순간, 뇌에 저장된 감정의 리스트는 내가 얼마나 많은 경험을 내 안에 체화시키기 위해 노력했으며 그 과정에서 겪은 수많은 위기와 갈등에 얼마나 지혜롭고 현명하게 대처해 왔는지를 보여줄 것이다.

5장

김범준

통계물리학자

인류 지식의 원전은 엔트로피다

물리학은 자연현상을 정량적으로 그리고 보편적으로 설명하고자 하는 인류의 체계적인 노력에 붙여진 이름이다. 전 세계 어느 나라에서든, 대학에서 물리학을 공부하는 학생이라면 누구나, 고전역학, 전자기학, 양자역학 그리고 통계역학 수업을 듣는다. 물리학과의 학부 수업에서 가장 중요한 네 과목이라고 할 수 있다. 불교를 수호하는 사대천왕처럼, 물리학과에서는 이들 네 과목을 '사대역학'이라고 부른다.

물리학과를 졸업하고 대학원에 진학하면, 대부분의 대학원에서 다시 또 사대역학을 배운다. 물론 학부 수업을 똑같이 반복하는 것은 아니다. 같은 내용을 다르게 배워, 물리학 전반에 대한 더 큰 통찰을 얻게 된다. 물리학과에서 사대역학을 공부하다 보면, 물리학의 여러 이론을 만나게 된다. 뉴턴의 운동법칙, 해밀턴의 원리와 오일러-라그랑주 방정식, 맥스웰 방정식, 슈뢰딩거 방정식, 하이젠베르크 불확정성,

아인슈타인의 특수상대론, 볼츠만의 엔트로피 공식 등이 그것이다. 물리학과를 졸업한 사람이라면 누구나 잘 알고 있어야 할 내용이다. 그렇다면, 현생 인류가 곧 멸망해, 딱 하나의 물리학 이론을 먼 미래에 전달할 수 있는 기회가 내게 주어진다면, 나는 무엇을 타임캡슐에 담을 것인가? 또, 외계의 지적 생명체에게 우리가 그래도 이 정도로는 물리학을 발전시켰다는 것을 자랑하려면, 무엇을 우주로 보낼 수 있을까?

물리학의 다양한 분야 곳곳에 영향을 끼친 위대한 물리학자로서 첫 번째로 손에 꼽을 수 있는 사람은 바로 아인슈타인^{Albert Einstein}이다. 네 편의 연구 논문을 1905년 3월부터 9월 사이에 독일어 학술지 〈물리학 연보^{Annalen der Physik}〉에 투고했다. 빛이 마치 입자처럼 행동한다는 것을 보인 광전효과^{photoelectric effect}에 관련한 첫 논문을 3월 18일에, 입자 하나가 눈에 보이지 않는 다른 입자들의 마구잡이 힘을 받아 움찔움찔 움직이는 브라운 운동을 설명하는 두 번째 논문을 두 달도 채 지나지 않은 5월 11일에 투고했다. 이어서 6월 30일에는 "움직이는 물체의 전기역학에 관하여"라는 제목의 논문을 그리고 9월 27일에는 물체의 질량과 에너지의 관계를 연구한 내용을 담은 짧은 논문을 투고했다.

노벨상 수상으로 이어진, 광전효과에 관한 1905년의 첫 논문은 이후 양자역학의 발전에 큰 영향을 끼쳤고, 브라운 운동을 다룬 두 번째 논문은 통계역학의 발전을 견인했을 뿐 아니라, 당시에는 아직 실험적으로 검증되지 않아 많은 과학자에게 상상의 존재였던 원자의 존재를 알려주기도 했다. 1905년의 세 번째와 네 번째 논문은 특수상대론에 관한 것이다. 6개월을 조금 넘는 짧은 기간에 투고한 네 편의 논문은 고전역학과 전자기학, 양자역학 그리고 통계역학을 아울러, 물리학과 수업의 가장 중요한 네 교과목의 주제를 모두 넘나들며, 자연에 대한 이해에 있어서 물리학의 지평을 크게 넓혔다. 물리학계에서 1905년을 '기적의 해'라고 부르는 이유다.

아인슈타인이 "인류가 곧 멸망해, 딱 하나의 물리학 이론을 먼 미래에 전달할 수 있다면, 무엇을 타임캡슐에 담겠는가?"라는 질문을 받는다면, 과연 그의 대답은 무엇이었을까? 아인슈타인이 남긴, 그의 생각을 엿볼 수 있는 글이 있어 소개한다.

> 가정한 전제가 단순하고, 다양한 대상을 서로 연결하며, 적용범위가 넓을수록 더욱 인상적인 이론입니다. 고전 열역학이 제게 깊은 인상을 남긴 이유입니다. 열역학은 현재 우리가 가진 물리학 이론 중 유일하게, 기본 개념만의 적용으로 보편적인 결과를 얻습니다. 열역학이야말로, 현재 우리가 가진 이론 중에서 다가올 미래에 잘못된 이론으로 판정될 여지가 전혀 없는 이론입니다.

이 글에서 아인슈타인은, 인류의 과학이 미래에 아무리 발전하더라도, 열역학의 결과들은 결코 그릇된 것으로 판정될 수 없다고 확신한다. 본인이 성취한 특수상대론이나 일반상대론은 미래에 그 내용이 바뀔 수 있는 여지가 있지만, 열역학은 아무리 시간이 흘러도 바뀌지 않을 것이라는 믿음이다. 이유가 있다. 열역학은 일종의 메타이론meta theory, 즉 구체적인 대상이 달라지면 바뀌는 개별이론이 아니라, 어떤 이론이어도 만족해야 하는, 이론의 이론theory of theories이라고 여겨지는 특성이 있기 때문이다. 그렇다면 열역학은 다른 이론들과 도대체 어떤 면에서 다른 것일까?

역학은 메타이론이다

열역학은 큰 것들을 다룬다. 온도, 압력, 부피, 에너지, 엔트로피, 열과 일 등, 많은 분자가 모여서 우리가 눈으로 볼 수 있을 정도로 커다란 시스템을 구성할 때, 전체에서 관찰할 수 있는 거시적인 양quantity들 사이의 관계에 관한 이론이다. 열역학의 첫 번째 법칙은 '에너지 보존'을 말한다. 구체적으로 주어진 물리계가 무엇이든, 서로 상호작용하는 기체분자들로 이루어진 기체 시스템이든, 고체 안에서 만들어지는 원자들의 진동에 대한 것이든, 블랙홀이든, 우주 전체든, 어떤 물리 시스템이라도 들어오고 나간 모든 에너지를 계산하면, 결국 전체 에너지는 일정하게 유지된다는 것이 열역학 제1법칙이다.

열역학의 두 번째 법칙은 '엔트로피'에 관한 것이다. 고립계의 엔트로피는 시간이 지나면서 증가하고, 결국 더는 증가할 수 없는 최종적인 평형상태에 도달하게 된다는 법칙이다. 열역학 제2법칙도 구체적인 시스템을 말하지 않는다. 어떤 시스템이라도 외부와 단절되어 고립되어 있다면, 만족해야 하는 법칙이다. 열역학의 법칙들은 뉴턴의 운동법칙을 따르는 고전역학 시스템이든, 슈뢰딩거의 방정식을 따라 행동하는 양자역학 시스템이든, 어떤 시스템이라도 만족해야 하는 법칙이다. 열역학의 이런 독특한 특성으로 말미암아, 열역학은 말 그대로 법칙의 법칙, 메타법칙의 특성을 가진다.

메타이론의 성격을 가진 자연과학의 법칙들은 공통점이 있다는 것이 내 생각이다. 바로, 막상 이해하고 나면, "아니, 어떻게 이런 생각을 이전에는 못했을까?" 하는 생각이 들 정도로 너무나 자명해 보인다는 것이 공통된 특성이다. 조금 과장해 이야기하면, 거의 동어반복의 수준으로도 읽힐 수 있을 정도다.

열역학 법칙처럼 메타이론의 성격을 가진 과학이론으로, 나는 진화론을 들 수 있다고 생각한다. 진화론이 이야기하는 진실을 짧게 줄이면, '유전적 변이의 차별적 번식'이라고 할 수 있다. 주어진 환경에서 생존할 가능성이 제각각인 유전적 변이를 가진 여러 자손이 만들어지고, 이 중 생존한 자손의 유전적 변이는 후대로 유전된다는 것이 진화론의 중심 개념이다. 생존한 자손이 가진 유전적 변이는 후대로 이어지지만, 생존하지 못한 자손이 가진 유전적 변이는 당연히 후대로 이어지지 못하기 때문에 조금만 생각해 보면, 진화론은 매우 자명해 보인다. 환경에 적응해 생존한 개체가 자손을 낳는다는 명백한 사실이 어떻게 잘못될 수 있겠는가!

　바이러스든, 모기든, 사람이든, 코끼리든 살아있는 모든 생명은 각 종種이 놓인 환경에 성공적으로 적응한 결과다. 모든 생명은 더 낫고 못하고를 결코 이야기할 수 없는 눈부신 성공이다. 진화론이 가진 메타이론의 성격으로 말미암아, 생명과학의 모든 세부 분야는 '진화론'이라는 커다란 우산 아래에 놓일 수밖에 없다. 물리학에서 열역학이 차지하는 위치도 마찬가지라는 것이 나의 생각이다. 이해하고 나면 자명하고, 물리학의 어떤 세부 분야도 열역학의 법칙을 위배할 수 없다. 열역학에 대한 아인슈타인의 평가도 같은 얘기다.

열역학 제1법칙: 들어온 만큼 늘어난다

시스템이 가지고 있는 내부의 에너지°를 열역학에서는 내부에너지라고 부른다. 엄청나게 많은 기체분자들이 한 용기에 담겨 있는 기체 시스템을 떠올려보자. 내부에너지는 기체분자들의 운동에너지 총합에 용기 안 분자들 사이의 상호작용에 관계된 퍼텐셜에너지의 합이 된다. 내부에너지의 한 부분을 구성하는 분자들의 운동에너지의 평균값은 절대온도에 비례한다는 것이 기체의 분자운동론에 의해 알려져 있다.°° 열역학을 소개하는 대중 강연에서 한 청중에게 받은 재미있는 질문이 떠오른다. 그분은 기체분자들의 평균 운동에너지가 바로 기체 시스템의 온도를 결정한다고 들었는데, 그렇다면 바람이 강하게 불면 온도가 높아지는가 하는 것이었다.

무척 흥미로운 질문이다. 물론, 바람이 강하게 분다고 기체 시스템의 온도가 높아지는 것은 아니다. 왜 그럴까? 온도를 결정하는 것은 기체 시스템 내부에서 잰 운동에너지이기 때문이다. 기체가 담긴 용기가 움직이지 않고 정지해 있는 것으로 보이는 좌표계에서 측정한 기체분자들의 평균 운동에너지가 온도를 결정한다.

만약 바람이 강하게 불면 운동에너지가 더 커지므로, 온도가 더 높다는 말이 성립한다면, 누가 측정하는지에 따라 기체 시스템의 온도가 달라진다는 문제가 생긴다. 땅에 발을 딛고 가만히 제자리에 서서 바람을 맞는 사람이 잰 대기의 온도가, 바람과 같은 속도로 달리는 사람이 측정한 대기의 온도와 달라진다는 얼토당토않은 결론을 얻게 된다. 내부에너지는 안에 놓인 관찰자가 측정한 에너지라고 할 수 있

° 물리학에서 에너지는 운동에너지와 퍼텐셜에너지의 합이다. 질량이 m, 속도가 v인 물체의 운동에너지 $K = \frac{1}{2}mv^2$이어서, 더 빠르게 움직이는 물체일수록 운동에너지가 크다. 퍼텐셜에너지 V는 입자들 사이의 상호작용에 관계된 에너지이다. 대부분의 상호작용에서 V는 입자들 사이의 거리 r의 함수여서, $V(r)$의 꼴로 적을 수 있다.

°° N개의 분자로 구성된 3차원 이상기체시스템의 전체 운동에너지의 평균값은 $<K> = \frac{3}{2}NkT$로 주어진다(k는 볼츠만상수).

물리학의 기본 법칙인 에너지 보존 법칙

© lumenlearning

다. 바람을 이루는 기체분자 모두의 평균속도를 0으로 측정하는 관찰자가 잰 평균 운동에너지가 온도를 결정한다. 온도를 재려면 안에서 재야 한다.

그렇다면, 내부에너지는 어떻게 변할 수 있을까? 기체가 들어 있는 풍선을 생각해 보자. 먼저, 일정한 압력으로 풍선을 눌러 찌그러뜨리는 방법이 있다.° 압력은 단위면적당 힘이어서 힘을 줘 변형이 생겼다면 역학적인 일을 해준 셈이기 때문이다. 고전역학의 역학적 에너지 보존 법칙에 따르면 외부에서 일을 해주면, 물체의 운동에너지가

° 왼쪽이 막힌 원통형 실린더 안에 기체분자들을 담고, 오른쪽에는 움직일 수 있는 피스톤이 있는 상황을 생각해 보자. 피스톤을 왼쪽으로 크기가 F인 힘으로 밀어서, 기체가 담겨 있는 부분의 길이가 L_1에서 L_2로 줄었다면, 힘 F가 한 역학적인 일은 $W=F(L_1-L_2)$로 주어진다. 만약 실린더의 단면적이 A라면, 힘 F와 압력 P의 관계식 $F=PA$를 이용하면, $W=PA(L_1-L_2)$로 적을 수 있는데, 기체의 부피는 다름 아닌 $V=AL$이므로,

증가한다. 마찰이 없는 바닥에 놓인 물체에 힘을 가하면 물체가 움직여 가속하게 되어서 운동에너지가 증가한다는 것으로 쉽게 이해할 수 있는 얘기다. 마찬가지다. 풍선을 눌러 찌그러뜨리면 풍선 안의 기체에 전달된 역학적 일에 의해서 그만큼 내부에너지가 늘어나고 따라서 온도도 증가한다.

풍선에 담긴 기체의 내부에너지를 늘리는 두 번째 방법이 있다. 뜨거운 물 안에 풍선을 넣거나 촛불 위에 풍선을 조심스레 놓으면(물론, 촛불로 풍선을 터뜨리지는 마시라), 온도가 올라갈 것을 쉽게 짐작할 수 있다. 즉, 외부에서 열에너지가 유입되면 풍선 안에 담긴 기체의 내부에너지가 커진다. 역학적인 일에 의해 시스템의 에너지가 늘어난다는 것은 뉴턴의 고전역학에서도 얼마든지 이와 같이 설명할 수 있지만, 열heat의 정체가 무엇인지 알아내는 것은 열역학의 역사에서 쉽지 않은 일이었다. 뜨거운 물체와 차가운 물체는 무엇이 다른 것인지, 둘을 서로 접촉시키면 뜨거운 물체는 차가워지고, 차가운 물체는 뜨거워지는데, 이 과정에서 도대체 무슨 일이 벌어지는지를 알아내기까지 상당한 시간이 걸렸다. 위대한 화학자 라브와지에Antoine-Laurent de

---

앞의 식은 $W=P(V_1-V_2)=-P\Delta V$가 된다. 여기서 $\Delta V=V_2-V_1$으로서 기체 부피의 변화량이다. 식 $W=-P\Delta V$의 오른쪽에 음의 부호가 붙는 이유는 부피가 줄어들 때($\Delta V<0$), W가 0보다 크다는 것을 뜻한다. 즉, 일정한 압력에서 기체의 부피가 줄어들면 양의 역학적 일을 기체 시스템에 해준 것이므로, 기체의 내부에너지는 증가하게 된다.

Lavoisier는 1789년 열에 대한 칼로릭 이론을 제안한다. 온도가 높아 뜨거운 물체는 칼로릭caloric이라고 불리는 어떤 원소를 더 많이 가지고 있다는 이론이다. 뜨거운 물체를 차가운 물체와 닿도록 나란히 놓으면, 시간이 지나 두 물체의 온도가 같아지는 현상을, 뜨거운 물체에 더 많던 칼로릭 원소가 차가운 물체 쪽으로 이동해, 결국 양쪽의 칼로릭 양이 같아지는 것으로 설명했다. 라브와지에의 칼로릭 이론은 1797년 럼퍼드Rumford 백작의 실험에 의해 도전을 받게 된다.

럼퍼드는 대포의 포신을 깎아내는 과정에서 절삭기계와 대포 몸체와의 마찰로 포신이 담겨 있는 물의 온도가 끊임없이 올라서 물이 계속 끓는 것을 관찰했다. 칼로릭 이론에 따르면, 포신의 칼로릭이 모두 밖으로 유출된 다음에는 더 이상 배출될 칼로릭이 없으므로 물의 온도가 계속 오를 수 없을 것으로 예측할 수 있다. 하지만 럼퍼드의 실험 결과는 이와 달라서, 당시의 칼로릭 이론으로는 설명할 수 없는 결과였다. 이후, 기체의 분자 운동론의 발전으로 기체분자들이 가진 평균 운동에너지가 물체의 절대온도에 비례한다는 것이 알려지게 된다. 온도가 높아 뜨거운 물체 내부에서 분자들이 더 활발해져 더 큰 운동에너지를 가진다. 더불어 뜨거운 물체와 차가운 물체를 나란히 놓고 접촉하게 하면, 뜨거운 물체 쪽에서 더 큰 운동에너지로 활발히 움직이는 분자들과의 충돌로 인해 차가운 물체 쪽 분자들의 운동에너지가 커지고, 운동에너지를 전달한 뜨거운 물체 쪽 분자들은 운동에너지가 줄어들게 된다. 분자들의 충돌로 뜨거운 물체에서 차가운 물체로 전달된 운동에너지가 바로 열이며, 이렇게 유입된 열은 차가운 쪽의 내부에너지를 증가시키게 된다는 것이 밝혀진다.

분자들의 평균 운동에너지가 절대온도에 비례한다는 것으로부터 얻을 수 있는 재미있는 결과가 있다. 운동에너지는 속도의 제곱에 비례하는 양이어서 결코 0보다 작아질 수 없으므로, 온도가 내려가 운동에너지가 줄어들다 보면, 결국 운동에너지가 0이 되는 온도에 도달하게 된다. 바로 절대영도다. 우리가 절대영도를 넘어 더 낮게 온도를 낮출 수 없는 이유는 운동에너지는 절대로 0보다 작은 값을 가질 수 없기 때문이다. 절대영도는 절대로 넘어설 수 없다.

자, 정리해 보자. 풍선에 담긴 기체의 내부에너지는 두 가지 방법으로 변화시킬 수 있다. 불을 때거나 누르거나. 열역학 제1법칙이 바로 이 이야기다. 시스템의 내부에너지는 외부에서 열이 유입될 때, 그리고 역학적인 일을 해줄 때 증가한다. 내부에너지의 변화량이 바로 시스템에 전달된 열과 일의 합과 같다는 것이 열역학 제1법칙이다. 열역학 제1법칙을 설명하기 위해서 풍선 안에 담긴 기체를 예로 들었지만, 이 법칙은 어떤 경우에도 성립한다. '들어온 만큼 늘어난다'는 사실이 바로 열역학 제1법칙이기 때문이다. 강의를 시작하자마자 출석을 불러서 30명의 학생이 강의를 듣기 시작했다는 것을 알았다. 만약, 강의를 마칠 때 다시 출석을 확인했더니 32명이라면 무슨 일이 생긴 걸까? 강의 시작 때 출석을 부른 이후에 강의실에 들어온 학생은 전체 학생 수를 늘리고, 강의가 끝나기 전에 슬쩍 강의실을 빠져나간 학생은 전체 학생 수를 줄이게 된다. 32명과 30명의 차이인 2명은, 처음 출석을 부른 시간 이후에 강의실에 들어온 학생 수에서 나중에 출석을 다시 확인하기 전에 강의실을 몰래 빠져나간 학생 수를 뺀 값일 수밖에 없다. 학생 수의 변화량은 들어온 학생 수에서 나간 학생 수를 뺀 값과 같다는, 증명이 필요 없을 정도로 자명한 사실이 바로 열역학 제1법칙의 의미다. 물론, 열역학 제1법칙에서는 내부에너지가 변할 수 있는 방법이 하나가 아닌 둘이다. 비유하자면, 내부에너지의 변화량은 강의실에 있는 학생 수의 변화량에 해당하고, 유입된 열에너지는 앞문을 통해 들고난 학생 수, 유입된 역학적 일은 뒷문을 통해 들고난 학생 수에 해당한다고 할 수 있다.

들어온 양에서 나간 양을 빼면, 바로 그만큼이 늘어난 양이다. 이 문장에서 '양'을 '에너지'로 바꿔 적은 것이 열역학 제1법칙일 뿐이다. 월말 내 통장의 잔액은 월초 잔액에 한 달 동안의 수입액을 더하고, 같은 기간의 지출액을 뺀 만큼이라는 것과 같은 너무나 자명한 사실이다. 주어진 물리 시스템이 뉴턴의 운동방정식을 따르는 고전역학 시스템이든, 슈뢰딩거의 방정식을 따르는 양자역학 시스템이든 전혀 상관없다. 뉴턴의 운동방정식과 슈뢰딩거 방정식은 이후 아인슈타인의 특수상대론에 힘입어 더 정교한 형태로 발전하기도 했다. 미래에 이들 동역학 방정식은 더 개선될 수도 있다. 하지만, 그렇게 바뀐 동역학이론에서도 여전히 열역학 제1법칙은 바뀔 수 없다. 들고난 만큼 에너지가 늘어난다는 사실이 바뀔 수 있는 여지는 전혀 없다.

열역학 제2법칙: 무질서도의 변화는 감소하지 않는다

열역학 제1법칙이 어떤 열역학적 과정에서도 일정하게 유지되는 것이 있다는 것을 알려준다면, 열역학 제2법칙은 열역학적 과정에서 계속 늘어나는 것도 있다는 것을 알려준다. 에너지는 일정하지만, 엔트로피entropy는 늘어난다. 우리가 지금 알고 있는 엔트로피에 '엔트로피'라는 이름을 붙여준 이가 바로 클라우시우스Rudolf Clausius다. 에너지와 비슷한 발음으로 들리면서도 방향이 있는 변화turning towards를 뜻하는 고대 그리스어(ἐντροπία)를 활용해 붙인 이름이라고 한다. 들어온 에너지만큼 에너지가 늘어난다는 열역학 제1법칙과 비교하면, 열역학 제2법칙은 다양한 형태를 가진다. 높은 온도의 물체에서 낮은 온도의 물체로는 열이 전달되지만, 그와 반대로 낮은 온도의 물체에서 높은 온도의 물체로 열이 자발적으로 전달될 수 없다는 것도 한 형태이고, 우리가 열기관을 이용해 모든 열을 일로 바꿀 수 없다는 것도 열역학 제2법칙의 한 형태이다.

또 다른 형태도 있다. 바로, 거시적인 고립계에서 엔트로피는 줄어들 수 없다는 것이다. 열역학의 발전 과정에서 이렇게 여러 방식으로 적을 수 있는 열역학 제2법칙이 모두 동등하다는 것이 알려지게 된다. 이제부터는 엔트로피 증가에 대한 이야기를 주로 해보자. 바로 통계역학의 아버지인 볼츠만Ludwig Boltzmann의 놀라운 업적이다. 볼츠만의 엔트로피는 열역학과 통계역학 사이의 가교 역할을 하기도 한다.

엔트로피 증가의 법칙

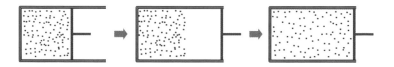

에너지, 열, 일과 같은 거시적인 열역학적 양 사이의 관계를 기술하는 것이 열역학이라면, 통계역학은 이러한 거시적인 양 사이의 관계가 어떤 미시적인 통계적 근거를 갖는지에 관해 설명한다. 열역학이 높고 커다란 산들을 바라보며 서로 비교해 산맥의 패턴을 찾는 것이라면, 통계역학은 티끌에서 시작해 어떻게 산이 만들어지는지, 이들이 모여 어떻게 산맥을 이루는지를 설명한다. 열역학의 미시적인 근거를 제공하는 것이 바로 통계역학이다.

통계역학은 숫자 세기다

통계역학은 숫자 세기에서 출발한다. 처음 들으면 쉽게 믿기지 않겠지만, 주어진 조건을 만족하는 경우의 수만 세어도 온갖 열역학적인 양을 모두 계산할 수 있다. 통계역학에서 가장 중요한 개념으로는 거시상태macrostate 와 미시상태microstate 가 있다. 어렵게 들릴 수도 있지만, 우리 일상에서도 쉽게 생각할 수 있는 개념이다. 윷놀이를 예로 들어보자. 네 개의 윷가락을 던지면 도, 개, 걸, 윷, 모 모두 다섯 종류의 서로 다른 결과를 얻을 수 있다. 윷을 던져 도가 나왔다면, 네 개의 윷가락 중 딱 하나만 배를 보이고, 나머지 셋은 등을 보인다는 얘기다. 첫 번째 윷가락이 배를 보이는 상황을 A, 등을 보이는 상황을 a라고 적고, 마찬가지로 두 번째, 세 번째, 네 번째의 윷가락 각각에 대해서도 배를 보이면 B, C, D, 등을 보이면 b, c, d라고 적어보자.

같은 '도'라도 모두 네 가지의 상황이 가능하다. 첫 번째 윷가락이 배(A)를 보이고, 나머지 윷가락이 등(b, c, d)을 보이는 '도'의 경우라면, 이 상황을 'Abcd'로 적을 수 있고, 두 번째 윷가락만이 배를 보이고 나머지 셋은 등을 보인다면 'aBcd'로 적을 수 있다. 따라서 몇 번째 윷가락이 배를 보였는지에 따라 'Abcd, aBcd, abCd, abcD'의 네 가지 상황이 가능하다. 통계역학의 거시상태는 전체가 보여주는 거시적인 특성에 관한 얘기라서, 네 개의 윷가락을 던졌을 때 우리가 얻은 '도' 역시 일종의 거시상태다. 하나만 배를 보인다는 조건을 만족하는 윷가락 넷 전체에 관한 이야기다. 당연히 윷놀이할 때 나오는 도, 개, 걸, 윷, 모는 각기 다른 거시상태에 해당한다. 그런데 같은 거시상태 '도'라도 앞서 설명한 것처럼, 모두 네 개의 서로 다른 윷가락의 상태가 가능하다. 바로 이 네 가지 상태(Abcd, aBcd, abCd, abcD) 각각이 통계역학의 미시상태에 해당한다. 즉, 거시상태 '도'에는 모두 네 개의 미시상태가 있다. 미시상태가 전체를 구성하는 구성요소 딱 하나의 상태를 일컫는 것이 아니라는 것도 중요하다. 구성요소 각 상태의 모임으로 주어진, 특정된 하나의 전체 구성에 대한 것이다. 연습 문제로 한번 생각해 보자. 거시상태 도, 개, 걸, 윷, 모 각각에 해당하는 미시상태의 수는 4, 6, 4, 1, 1이다. 거시상태 '개'에 해당하는 여섯 개의 미시상태는 'ABcd, AbCd, AbcD, aBCd, aBcD, abCD'이고, 거시상태 '윷'에는 'ABCD', '모'에는 'abcd'라는 딱 한 개씩의 미시상태가 있다.

윷놀이의 다섯 개 거시상태 각각에 조건이 붙어있다는 것도 중요하다. 배를 보이는 윷가락이 몇 개인지에 관한 조건이다. 전체 네 개의 윷가락 중 딱 하나만 배를 보인다는 조건을 만족하는 '도'라는 거시상태를 구성하는 Abcd, aBcd, abCd, abcD, 네 개의 미시상태 중 하나가 관찰되는 확률은 어떻게 될까? 네 개의 윷가락이 서로 다르지 않다고 가정하면, 당연히 각 미시상태는 동등하게 1/4의 확률로 관찰될 것이라고 예상할 수 있다. 윷가락 네 개를 던졌을 때 '도'라는 거시상태가 관찰될 확률이 1/4이라는 말이 아니다. '도'라는 거시상태를 구성하는 네 개의 미시상태 Abcd, aBcd, abCd, abcD 각각이 1/4의 같은 확률로 발생한다는 말이다. 도, 개, 걸, 윷, 모 다섯 개의 거시상태가 발생할 확률도 계산할 수 있다. 특별한 이유가 없다면, 배를 보이는 하나의 윷가락이 몇 번째 것일지 그 확률이 달라질 이유는 없다. 이렇게 계산하는 확률을 '선험적 확률'이라고 부른다. 동전 하나를 던지면 앞면이 나올 확률은 1/2이라고, 우리가 흔히 말하는 것도 선험적 확률이다.

통계역학의 근본 가정$^{fundamental\ postulate}$ 이라고 불리는 중요한 얘기가 있다. "평형상태에 있는 고립계가 주어진 조건을 만족하는 여러 미시상태 중 하나에 있을 선험적 확률은 모두 동일하다"가 바로 이것이다. 통계역학은 바로 이 가정에서 시작한다. 어려운 용어가 많이 등장하는 문장이지만, 사실 별 얘기도 아니다. 바로 앞에서 예로든 윷놀이에서, '개'를 구성하는 여섯 개의 미시상태 각각은 같은 확률(1/6)을 갖는다는 말과 같다.

숫자만 세면 모든 열역학적인 양을 계산할 수 있다는 것을 증명한 물리학자가 바로 볼츠만이다. 볼츠만의 엔트로피 공식($S = k\log W$)이 바로 이를 가능하게 한다. 식에 등장하는 W가 바로 주어진 거시상태를 구성하는 미시상태의 수이기 때문이다. 대개 W를 계산할 때는 시스템의 에너지(E)와 부피(V)가 주어진 상황을 가정한다. 앞에서 윷가락 네 개 중 몇 개가 배를 보이는지, 그 개수를 가지고 도, 개, 걸, 윷, 모라는 거시상태가 주어진 것처럼, 통계역학에서는 주로 전체 에너지(E)와 부피(V)를 시스템의 거시상태 조건으로 이용한다. 이 조건을 만족하는 미시상태의 수를 세면 W를 E와 V의 함수로 얻을 수 있다.

이렇게 구한 함수를 볼츠만의 엔트로피 공식에 적용하면, 이제 우리는 엔트로피를 에너지와 부피의 함수로, 즉 $S = S(E, V)$를 알게 된다. 볼츠만의 엔트로피는 에너지와 부피가 특정 값으로 주어져 있다는 조건을 만족하는 미시상태의 개수를 세면 알 수 있다. 이처럼, 엔트로피는 결국 개수 세기다. 에너지와 부피의 함수로 엔트로피를 안다면, 열역학의 관계식을 적용해 여러 열역학적인 양을 모두 얻을 수 있다. 미시상태의 개수 $W(E,V)$로부터 출발하는 통계역학은 결국 하나, 둘, 셋과 같이 숫자 세기다.

도대체 엔트로피란 무엇인가

클라우시우스는 열역학적 과정에서 시간이 지남에 따라 엔트로피가 저절로 늘어난다는 것을 알게 된다. 클라우시우스의 열역학적 엔트로피는 시스템에 유입된 열에 관련되는데, 열(Q)이 일정 온도(T)에서 가역 과정을 따라 시스템에 유입되면, 엔트로피의 증가량은 $\Delta S = Q/T$로, $Q = T\Delta S$가 된다. 용기의 왼쪽 절반에 기체분자들을 넣고, 아무것도 들어 있지 않은 오른쪽 절반과 움직일 수 있는 벽으로 격리한 상황을 예로 들어보자. 전체 용기는 온도 T인 외부와 열을 주고받을 수 있으며, 기체 시스템은 외부와 항상 열평형상태에 있어서 기체의 온도 역시 T로 일정하게 유지된다고 가정하자. 논의가 쉽도록, 용기 안의 기체분자들은 상호작용하지 않는 이상적인 기체(이상기체)로 가정하자. 따라서 기체의 내부에너지는 기체분자들의 운동에너지와 같고, 외부와 열평형상태에 있어 온도가 T로 일정하게 유지되므로, 기체의 내부에너지에는 변화가 없다.°

가운데 벽을 손으로 잡고 있다가 손을 떼면, 왼쪽의 기체분자들이 벽에 계속 충돌하는 과정에서 벽은 천천히 오른쪽으로 이동하게 되고, 결국 용기의 오른쪽 끝까지 옮겨가게 되어, 최종적으로는 기체분자들이 전체 용기에 고르게 퍼진 상태가 된다. 이 과정에서 기체의 압력은 0이 아니므로 기체 시스템은 외부로 일을 하게 된다는 것이 중요하다. 한편, 온도가 일정하게 유지되어 기체의 내부에너지 변화는 없으므로, 열역학 제1법칙에 따라 외부로부터 용기 안의 기체로 유입된 열은 바로 기체가 외부로 한 일과 같아 양의 값을 가진다.[°] 따라서 클라우시우스 엔트로피의 변화량은 0보다 크다.

당시 열역학의 성과를 잘 알고 있던 볼츠만은 클라우시우스의 엔트로피가 증가하는 과정에서 기체분자들이 가질 수 있는 미시상태의

[°] 앞에서 내부에너지는 분자들의 운동에너지와 분자 사이의 퍼텐셜에너지를 더한 것이라고 설명한 바 있다. 이상기체는 분자 간의 상호작용이 없어서 퍼텐셜에너지가 0이므로, 내부에너지는 분자들의 운동에너지와 같다. 또, 분자들의 평균운동에너지는 절대온도에 비례해 온도가 일정하면 운동에너지가 일정하고, 이상기체의 경우에 운동에너지가 곧 내부에너지이므로, 온도가 변하지 않는 이상기체의 내부에너지는 변화 없이 일정한 값을 가진다.

[°°] 열역학 제1법칙은 내부에너지의 변화량은 시스템에 유입된 열에서 시스템이 외부로 한 일을 뺀 값과 같다는 것을 알려준다. 이를 식으로 표현하면 $\Delta E = Q - W$로, 본문에서 말한 이상기체의 등온 과정은 온도가 변하지 않아 내부에너지도 일정하므로 $\Delta E = 0$으로, 결국 $Q = W$임을 알 수 있다.

수가 늘어난다는 것에 착안하게 된다. 기체분자 하나의 위치를 아주 작은 부피(v)를 이용해 기술한다고 생각해 보자. 전체 부피(V)를 v라는 작은 부피로 구분해 조각조각 나눈 다음, 기체분자가 몇 번째 조각에 위치하는지를 생각해 보면 기체분자 하나가 가질 수 있는 미시상태의 수는 다름 아닌 V/v로 적을 수 있다.° 만약, 용기의 왼쪽 절반(부피=$V/2$)에 기체분자가 놓여 있다면, 기체분자 하나가 가질 수 있는 미시상태의 수는 $V/2v$이고, 용기 전체로 확산한 상황에서의 미시상태 수는 V/v로 적을 수 있다. 즉, 기체의 부피가 두 배로 팽창하는 과정에서 미시상태의 수는 늘어나게 된다.

볼츠만은 이처럼 자발적으로 일어나는 열역학 과정에서 클라우시우스의 엔트로피가 증가하는 것은 아마도 시스템이 가질 수 있는 미시상태의 수 증가와 관련될 것이라고 생각했다. 이를 함수의 꼴로 적으면, $f(W)$는 W의 증가함수가 되어야 한다는 생각이다. 다음에는 하나가 아닌 두 시스템 1, 2로 생각해 보자. 엔트로피는 시스템의 크기가 두 배가 되면 그 양도 두 배가 되는 꼴로, 두 시스템으로 이루어

° 예를 들어보자. 가로, 세로, 높이가 각각 1m로 전체 부피가 1m³인 정육면체 모양의 용기 내부를 가로, 세로, 높이가 각각 1cm인 1cm³ 부피의 작은 정육면체로 나누면, 용기의 내부에는 1m³/1cm³=10⁶개의 작은 정육면체가 들어 있다. 이 경우, 기체분자 한 개가 위치할 수 있는 모든 경우의 수, 즉 기체분자 하나가 가질 수 있는 미시상태의 수는 바로 $V/v=10^6$이다.

진 하나의 전체를 생각하면, 전체 엔트로피는 $S=S_1+S_2$로 적을 수 있다.°

한편, 전체 미시상태의 수는 곱셈의 형태($W=W_1 \cdot W_2$)가 된다. 주사위 두 개를 던진다면, 첫 번째 주사위가 모두 여섯 개의 경우의 수를 갖고, 두 번째 주사위도 마찬가지이므로 두 주사위가 가질 수 있는 모든 경우의 수는 36($=6 \times 6$)가지로 계산되는 것을 생각하면 쉽게 이해할 수 있는 결과다. 앞의 논의에 따르면 $S=S_1+S_2=f(W_1)+f(W_2)$와 $S=f(W)=f(W_1 \cdot W_2)$의 두 개 식을 얻고, 따라서 함수 $f(W)$는 $f(W_1 \cdot W_2)=f(W_1)+f(W_2)$를 만족해야 한다. 그리고 이를 만족하는 함수가 바로 로그함수이다. 볼츠만은 앞의 논의를 이용해 엔트로피와 미시상태의 수 사이의 관계식 $S=k \log W$를 얻었다. 이 식에 등장하는 상수가 바로 볼츠만상수다(볼츠만상수에 아보가드로의 수를 곱한 값이 기체상수이다). 우리는 등온 과정에서의 기체 팽창으로 클라우시우스의 엔트로피를 생각해 보았다. 같은 문제를 볼츠만의 엔트로피 변화량으로 계산하면, 정확히 같은 결과를 얻을 수 있다. 볼츠만의 통계역학적인 엔트로피는 클라우시우스의 열역학적인 엔트로피와 같다.

° 엔트로피가 더해지는 양이라는 것은 클라우시우스의 엔트로피로도 쉽게 이해할 수 있다. 온도가 같은 두 시스템 1, 2가 있고, 외부에서 각각 Q_1, Q_2의 열이 전달돼 들어온다면, 당연히 전체에 전달되어 들어온 열은 Q_1+Q_2이다. 따라서, 전체의 엔트로피 변화량은 $\Delta S=\Delta S_1+\Delta S_2$이다.

일어날 확률이 높은 사건은 일어나게 마련이다

지금까지의 논의를 통해, 클라우시우스의 열역학적 엔트로피가 볼츠만의 통계역학적 엔트로피와 같다는 것을 설명했다. 또한, 볼츠만의 엔트로피는 주어진 조건을 만족하는 거시상태에 해당하는 미시상태의 수를 세면 계산할 수 있는 양이라는 것을 보였다. 이제, 엔트로피 증가의 법칙이 자명한 메타법칙의 하나라는 것을 설명해 보자.

볼츠만의 엔트로피 공식을 이용하면, 엔트로피가 증가하는 과정에서 전체 시스템은 더 많은 미시상태를 가지는 거시상태로 변하게 된다는 것을 알 수 있다. 구체적인 예로, N개의 윷가락을 생각해 보자. N개의 윷가락 중 H개가 배를, 나머지는($N-H$개) 등을 보인다는 조건을 만족하는 거시상태를 $M(H)$라고 하자. 거시상태 $M(H)$에는 몇 개의 미시상태가 있을까? N개의 윷가락 중 배를 보이는 H개의 윷가락을 고르는 경우의 수와 같아서, 조합을 이용해 미시상태의 수를 $W_N(H) = {}_NC_H$로 적을 수 있다. N개의 윷가락 모두가 배를 보이는 거시상태는 $H=N$이므로 $W_N(H=N) = {}_NC_N = 1$이 된다.

한편, 전체의 절반인 $N/2$개의 윷가락이 배를 보이는 거시상태에 해당하는 미시상태의 수는 $W_N(H=N/2) = {}_NC_{N/2}$로 적힌다. 상자에 N개의 윷가락 모두를 배를 보이는 상태로 정돈한 다음, 상자를 마구 흔들었다가 다시 열면 어떤 상태로 되어 있을까? 거시상태 $M(H=N)$과 거시상태 $M(H=N/2)$의 각 확률 $P(H=N)$과 $P(H=N/2)$은 쉽게 계산

© Unsplash

다가올 미래에 아무리 물리학이 발전하더라도,

그릇된 것으로 판정될 위험이 결코 없는 물리학의 이론이

바로 열역학이라고 아인슈타인이 이야기한 이유다.

할 수 있다. 두 확률의 비를 구하면 $\frac{P(H=N/2)}{P(H=N)} \approx 2.21^N$을 얻게 된다.

예를 들어, 1,000개의 윷가락이 들어 있는 상자를 마구 흔든 다음 열었을 때, 모든 윷가락이 배를 보일 확률은 절반의 윷가락이 배를 보일 확률의 10^{-344} 정도에 불과하다.° 이 값을 소수로 적으면, 소수점 아래 344번째 자리에 처음 0이 아닌 숫자(0.0000…)가 등장하는 어마어마하게 작은 값으로 환산된다. 모두 배를 보이도록 1,000개의 윷가락을 얌전히 정돈해 넣고, 상자를 한참 동안 마구 흔들다가 열었는데, 처음 상태와 마찬가지로 모든 윷가락이 배를 보이는 상태를 다시 볼 가능성은 전혀 없다고 할 수 있다. 우리에게 익숙한 네 개 윷가락 윷놀이에서 모두 배를 보이는 윷이 나올 확률은 9% 정도이지만, 1,000개 윷가락 윷놀이에서 1,000개 모두 배를 보이는 윷이 나올 가능성은 전혀 없다.

볼츠만의 엔트로피를 이용하면 열역학 제2법칙을 쉽게 이해할 수 있다. 물리계가 더 많은 미시상태를 가지는 거시상태로 시간에 따라 변한다는 의미가 되기 때문이다. 따라서 엔트로피 증가의 법칙을 한 줄로 쉽게 풀어쓰면, '미시상태의 수가 많아 관찰될 확률이 높은 거시상태가 결국 관찰된다'는 뜻이다. 즉, 엔트로피의 증가 법칙은 결국, 일어날 확률이 큰 사건은 결국 일어나게 마련이라는 이야기일 뿐이

° $2.21^{1000} = 10^x$으로 놓으면, $1000 \log 2.21 = x \log 10$이므로 $x \approx 344$를 얻는다.

다. 너무나 당연한 얘기다.

앞에서 윷가락으로 예를 든 이야기를, 이번에는 방 안을 채우고 있는 산소분자로 해보자. 상온에서 기체분자 1mol은 22.4ℓ의 부피를 차지하고, 기체 1mol에는 기체분자가 약 6×10^{23}개가 들어 있다. 내가 지금 앉아 있는 방 안에는 적어도 10^{25}개 이상의 산소분자가 있다. 방을 둘로 나눠 내가 있는 쪽과 그 반대쪽을 가르는 눈에 보이지 않는 벽이 있다고 생각해 보자. 산소분자 한 개가 내가 있는 쪽이 아니라 반대쪽에 있을 확률은 1/2이다. 10^{25}개의 산소분자 모두가 이쪽이 아닌 벽 건너편에 있으면 나는 질식으로 사망하게 된다. 이런 일로 내가 사망할 확률은 바로 $1/2^{10^{25}}$이 된다. 소수로 이 확률을 적으면 처음 0이 아닌 숫자가 나오는 자릿수는 소수점 아래 25번째 자리가 아니라 소수점 아래 10^{25}번째 자리라는 얘기다. 어떤 계산기로도 계산할 수 없는 엄청나게 작은 숫자다. 바로, 내가 지금 질식하지 않는 이유다. 처음에 모든 산소분자가 내가 있는 쪽이 아닌 건너편 방에 있었다고 해도, 결국 산소분자의 약 절반가량이 내가 있는 쪽으로 오게 된다. 이유는 간단하다. 한쪽에 모든 산소분자가 몰려 있을 때보다, 각각 절반씩 나뉘어 있을 확률이 훨씬 크기 때문이다. 방 한켠에 모든 산소분자가 몰려, 내가 글을 쓰고 있는 다른 한켠에서 질식할 걱정이 전혀 없는 이유가 바로 엔트로피 증가의 법칙이다. 바로 이 법칙이 지금 내 목숨을 구하고 있는 셈이다.

반박할 수 없는 명제

열역학은 메타이론이다. 열역학 제1법칙은 에너지 보존에 관한 것이다. 열역학적인 과정에서 변하지 않고 일정하게 유지되는 양이 바로 에너지다. 들어온 양에서 빠져나간 양을 뺀 것이, 바로 늘어난 양이라는, 그 자체로 명백한 문장에서 양을 에너지로 바꿔 적은 것이 열역학 제1법칙이다. 열역학 제2법칙은 고립계가 평형상태로 나아가는 과정에서 감소하지 않고, 늘어나기만 하는 양이 있다는 주장이다. 바로 그 양이 엔트로피다. 볼츠만의 묘비에도 새겨져 있는 엔트로피 공식($S=k\log W$)은 미시적인 정보(W)를 거시적인 물리량(S)과 연결한다. 볼츠만의 엔트로피 공식을 통해 드디어 우리는 엔트로피 증가의 의미를 명확히 알게 된다. 즉, 가능한 미시상태의 수가 작은 거시상태에서 출발하면, 미시상태의 수가 더 큰 거시상태로 고립계는 자연스럽게 변화한다는 것이 엔트로피 증가의 의미다. 가능한 미시상태의 수가 클수록, 해당하는 거시상태가 관찰될 확률이 크다는 당연한 사실을 생각하면, 엔트로피 증가의 법칙을 더 쉽게 표현할 수 있다. 바로, 일어날 확률이 큰 거시상태가 결국 관찰될 수밖에 없다는 것이다. 일어날 확률이 아주 큰 사건은 결국 일어날 수밖에 없다는, 동어반복에 가까운 너무나 자명한 사실!

물리학의 개별 분야에서 어떤 발전이 이루어지더라도, 글에서 소개한 열역학의 두 법칙을 위반할 수는 없다. 다가올 미래에 아무리 물리학이 발전하더라도, 그릇된 것으로 판정될 위험이 결코 없는 물리학의 이론이 바로 열역학이라고 아인슈타인이 이야기한 이유다. 외계의 생명체를 만나면, 일단 "너희 역시 어떤 과정에서도 변하지 않는 양이 있다는 것 그리고 그 과정에서 항상 늘어나기만 하는 양이 있다는 것을 아니?"라고 물어볼 생각이다. 만약, 그들이 두 양이 어떤 것인지 알고 있다면, 상당한 과학 수준을 가졌음은 분명해 보인다. 우리와 완전히 다른 형태로 이들 외계 지적 생명체가 고전역학과 양자역학을 만들 수는 있지만, 열역학은 우리와 같을 수밖에 없다. 하지만, 이토록 자명해 보이는 열역학의 법칙 또한 인류가 알아내기까지 오랜 시간이 걸렸다. 뉴턴의 고전역학이 완성된 이후 수백 년이 지난 20세기에 들어서서야, 인류는 열역학의 기반을 이루는 평형통계역학을 완성했다. 나는, 미래 세대에 꼭 전하고 싶은 과학의 내용으로 열역학의 첫 번째와 두 번째 법칙을 고른다.

6장

김경일
인지심리학자

인간의 욕구는 전염된다

인간은 욕구의 존재다. 사실, 심리학 역시 인간의 다양한 욕구를 연구한다고 해도 과언이 아니다. 욕구의 본질, 욕구가 만들어 내는 수많은 감정 그리고 그 감정에 바탕을 둔 선택과 판단, 행동에 이르기까지 심리학은 온통 욕구에 관한 연구들로 이루어져 있다. 심지어, 인간처럼 행동하는 기계를 의미하는 AI와 인간의 가장 큰 차이점을 욕구의 존재 여부로 가늠하는 때가 많다. 인간이 하는 생각의 가장 기본적인 출발점은 욕구이기 때문이다.

욕구欲求, 慾求란 '무엇을 얻거나 무슨 일을 하고자 바라는 일'을 의미한다. 이것이 강하면 욕망欲望, 慾望이라고 칭하기도 한다. '무엇을 가지거나 하고자 간절하게 바람, 또는 그러한 마음'으로 정의되니 말이다(심리학에서는 동기動機라는 용어를 사용하기도 한다). 그러니 인간의 생각과 행동의 출발점은 의심할 여지없이 욕구다. 따라서 이를 이해하지 않고 인간을 이해하겠다는 것 역시 어불성설이다. 게다가 성욕, 식욕, 금전욕과 같이 우리의 욕구를 특정 대상에 대한 바람으로만 생각하는 것은 정말이지 단순함을 넘어 무지한 생각이다. 우리 인간의 욕구는 매우 독특한 성격을 지니고 있고, 이 미세한 부분을 제대로 이해하는 것이야말로 우리 자신의 생각과 행동을 지혜롭게 만드는 데 가장 중요한 핵심이다. 자, 이제 인간의 욕구에 대해 함께 고민해 보면서 우리 자신과 다른 모든 인간을 제대로 이해해 보자. 이를 위해, 욕구와 관련된 수많은 연구들 중 심리학자들 사이에서 절묘하면서도 통찰을 준다는 평을 두루 받고 있는 이야기들을 모아보았다.

인간은 자기 욕구의 실체를 잘 모른다

일찍이 철학자 스피노자는 인간의 욕구를 두고 이렇게 이야기했다. "인간은 무의식적 욕구와 부적합한 인식으로 인해 부적합한 표상 체계의 지배를 받으면서 정념과 영혼의 동요, 더 나아가 착란 현상까지 겪는 구체적인 욕망 주체이다." 도대체 무슨 말인지 모르겠다. 그래서 철학을 하는 사람들에게 두루 물으며 조금만 쉽게 풀어 달라고 했더니, 결국 다음과 같은 말로 요약된다. "인간은 자기 욕구의 강도를 인식할 수는 있다. 하지만 그 욕구의 출발점, 즉 이유를 인식할 수 있는 능력은 매우 떨어진다." 여전히 어렵다면 조금 더 풀어보겠다. 인간은 자신의 욕구가 강하다는 것을 제대로 인식할 수 있다. 하지만 그 욕구를 어떻게 해야 만족시킬 수 있는가에 대해서는 굉장히 모호한 시각을 가지고 있다.

무슨 뜻일까? 동물들을 예로 들면 쉽게 이해할 수 있다. 햄스터를 키워본 사람이라면 잘 알 것이다. 거의 같은 맛인데도 브랜드가 다르면 사료를 잘 먹지 않는다는 사실을. 왜일까? 동물들은 자기 욕구의 강도와 실체 각각을 모두 정확히 인식하고 있기 때문에 비슷한 것으로는 대체가 잘되지 않는다. 이는 상당히 고등동물인 개에 있어서도 마찬가지다. 비슷한 맛의 사료를 다른 회사 것으로 바꾸면 잘 먹지 않는다. 그래서 기존 사료와 새로운 사료의 비율을 처음에는 9대 1로 시작해 2대 8, 3대 7… 이후 1대 9와 같이 '점진적'으로 바꿔야 새로운 사료에 적응시킬 수 있다.

그렇다면 인간은? 정말이지 특이하다. 사랑하는 연인과 이별한 뒤 폭음과 폭식을 하는 때가 빈번하니 말이다. 이는 사람을 잃고 그 자리를 음식으로 채우려는 행동이다. 어디 그뿐인가. 일에 몰두하면서 그 허탈함을 채우기도 한다. 이와 같은 행동은 다른 동물들에게서는 찾아보기 어려운 장면들이다. 인간은 욕구의 강도를 인식할 순 있어도 그 실체를 파악하고, 욕구를 채우는 데 있어서는 매우 모호해한다. 하지만 이런 모호함은 결국 넓은 영역으로부터 채울 수 있는 대체물을 가져오는 데 절묘한 이점이 된다.

직장에서 진급하지 못한 직장인 A는 악기 연주라는 취미생활을 통해 성취감을 느끼며 허탈함을 채울 수 있다. 활발한 성격으로 학교 생활을 잘해오던 학생 B가 갑자기 전학을 가게 되었는데, 그곳에서 자신의 성격과 정반대인 차분한 성향의 친구를 사귀면서 새로운 환경에 잘 적응한다. 인간이 동물과 같았다면 절대로 일어날 수 없는 일인 데다 끝없이 채워지지 않는 상실감으로 결국 고통 받게 된다. 행복 심리학자 서은국 교수가 《행복의 기원》을 통해 가장 중요하게 강조한 내용이 바로, '강도가 아닌 빈도'이다. 즉, 100점짜리 행복을 1년에 한 번 겪는 것보다는 10점짜리 행복을 1년에 열 번 경험하는 것이 인간의 장수와 생존에 훨씬 더 유리한 조건이라는 뜻이다. 행복의 빈도를 높일 수 있는 가장 핵심적인 원동력은 인간이 욕구의 실체를 착각해 다른 것으로 대체할 수 있는 때가 많기 때문이다.

인간은 욕구에 전염된다

인간은 강한 욕구를 느끼게 되면 시각과 청각과 같은 오감각이 각성되면서 전혀 다른 판단의 영역에도 그 욕구를 전염시킨다. 그 유명한 브루너 Jerome S. Bruner 와 세실 Cecile C. Goodman 의 연구가 좋은 예다.

다음 그림에서 왼쪽은 부유한 가정, 오른쪽은 가난한 가정의 아이들을 대상으로 한 결과물이다. 아이들은 무엇을 했을까? 가격에 따른 동전 크기를 최대한 실제와 비슷하게 그려보라는 주문을 받은 것이

© Unsplash

인간은 자기 욕구의 실체를 잘 모를 뿐 아니라

전혀 다른 영역으로 현재의 욕구를

전염시키거나 옮기는 존재다.

하지만 이런 오작동의 기제를 절묘하게 만들어

행복의 빈도를 높였고, 장수의 기초를 닦았다.

아이들이 동전의 크기를 추정해 표현한 결과

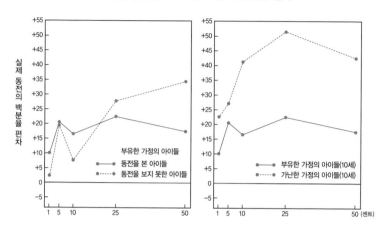

다. 결과의 차이는 확연하다. 가난한 가정의 아이들이 (실제보다) 훨씬 더 크게 동전 크기를 추정한 것이다. 평소 돈에 대한 욕구가 더 강할 수밖에 없었던 가난한 가정의 아이들은 그들의 상황과는 전혀 상관없는 동전의 크기를 추정하는 과제에까지 욕구가 전염된 것이다.

배가 고프면 음식이 더 맛있어 보인다거나, 사고 싶은 자동차가 있으면 도로를 주행하는 자동차의 색깔이 더 도드라지게 눈에 띈다는 이야기를 들어본 적이 있을 것이다. 이는 대부분 사실일 가능성이 크다. 인간에게 욕구가 생기면 감각이 그 영향을 제일 먼저 받는다. 신경이 곤두선다는 뜻이다. 그렇다면 이렇게 욕구의 지배를 받는 인간이 조금이라도 더 지혜로운 삶을 살기 위해서는 어떻게 해야 할까?

당장의 유혹을 거절하는 법

심리학자 사이에서 자주 회자되는 말이 있다. "미래의 자아future self는 현재의 자아present self를 이기지 못한다." 무슨 뜻일까? 그리 어려운 말이 아니다. 현재 어떤 욕구를 품고 있다면, 미래의 더 좋은 일을 위해 그것을 자제하거나 참아내는 일이 거의 불가능하다는 것이다. 그 유명한 마시멜로 실험이 바로 이 점을 이야기하는 것 아니겠는가. 하지만 여기에도 방법은 있다. 절묘한 연구 하나로 그 방법을 알아보자.

이 분야의 저명한 연구자 중 한 사람인 캐나다 사이먼 프레이저 대학교 잭 네치Jack Knetsch 교수가 평생을 바친 연구들을 통해 중요한 가치가 상대적으로 덜 중요한 가치와 어떻게 거래되는지를 살펴볼 수 있다. 예를 들어보자. 어떤 종류의 사고가 있다. 이 사고를 입으면 1년 정도 병원에 입원해야 한다. 여기서 이 사고에 관해 사람들에게 질문을 던진다. "사고 확률이 원래 0.5%였다. 그런데 좀 더 융통성을 발휘하면 사고 확률은 1%로 늘어나지만, 그 대신 700달러의 이득이 생긴다." 이런 아이디어에 찬성하는 사람들은 몇이나 될까? 불과 39%다. 다시 말해 61%의 사람들은 이득을 위해 사고 확률을 높이는 일을 하지 않는다는 것이다. 이어서 다른 질문을 던진다. "사고 확률이 원래 1%였다. 그런데 700달러를 더 지출하면 그 확률이 0.5%로 줄어든다." 이 질문에 그렇게 하겠다고 하는 사람은 불과 27%다. 다시 말해, 무려 73%는 사고율을 0.5%p 더 낮추기 위한 돈을 쓰지 않겠다고 한 것이다.

사람들은 이렇다. 전자처럼 안전과 이익을 타협하지 않을 수도 있고, 후자처럼 더 안전해질 수 있는데도 돈을 쓰지 않는 사람이 될 수 있다. 바꿔 말하면 0.5%p와 700달러의 가치가 관점에 따라서는 얼마든지 바뀔 수 있다는 것이다. 사고 확률을 높이면서까지 700달러를 받으려는 사람도 없지만, 사고 확률을 낮추기 위해 700달러를 더 내려는 사람도 없다는 것이다. 자, 그런데도 왜 선박 사고와 같은 참사를 초래한 수많은 욕심쟁이들은 사고 확률을 높이면서까지 이윤에 욕심냈을까? 이들의 관점에는 무엇이 잘못되어 있었던 것일까? 바로 '눈앞'에 이윤이 있었기 때문이 아닐까?

또 다른 질문을 사람들에게 던진다. 마시멜로 실험과 유사한 형태다. "지금 당장 100만 원을 받으시겠습니까? 아니면 한 달 뒤 110만 원을 받으시겠습니까?" 대부분의 사람들이 지금 100만 원을 받겠다고 한다. 당장의 유혹을 거절하지 못하기 때문이다. 여기서 질문을 달리 해보자. "1년 뒤 100만 원을 받으시겠습니까? 아니면 1년 1개월 뒤 110만 원을 받으시겠습니까?" 이제 대부분의 사람들은 1년 1개월 뒤에 110만 원을 받겠다고 한다. 100만 원과 110만 원 모두를 미래의 일로 바꾸어 질문을 던지니, 사람들의 선택이 훨씬 지혜로워진다.

미래는 불확실하다. 그래서 현재에는 피할 수 없는 유혹들이 넘쳐난다. 따라서 당장의 시급한 욕구는 언제나 미래의 더 중요한 가치를 누르게 마련이다. 그렇기에 누군가가 눈앞의 이익을 미래의 이익으로 보내야 한다. 그래야 사람들이 어리석은 선택을 피할 수 있는 가능성이 높아진다. 이를 실생활에 응용해 보자. 누군가가 '눈앞'의 이윤을 '미래에 취할 수 있는' 이윤으로 바꿔주어야 한다. 물론 매우 현실성이 떨어지는 이야기가 되겠지만, 그래도 한번 상상해 보자. 선박을 소유한 회사가 자신들이 받는 승객 운임을 승객들이 모두 안전하게 집으로 돌아간 다음에야 받을 수 있다면 말이다. 그런데도 안전을 눈곱만큼도 생각하지 않을 수 있을까? 아마도 아닐 것이다. 최소한 그런 무리수를 두는 경향성이라도 상당히 떨어질 것이다.

우리는 선불제로 운영되는 식당에 가기를 꺼려한다. 실제로 선불제로 메뉴를 제공하는 식당 치고 맛있는 곳을 보지 못했다. 그래서 고급 레스토랑의 경우 선불인 곳이 거의 없다. 그렇다면 한번쯤 이런 자세를 취해보는 건 어떨까? "손님, 계산은 모든 일이 끝난 뒤에 하시죠!"라고 말이다. 물론 불안할 수 있다. 돈을 떼일 수도 있다. 하지만 그 과정에서 나는 일에 더 매진하며 결과물의 완성도에 심혈을 기울인다. 그 과정에서 일의 의미를 찾기도 쉬워진다. 곧 성장하는 것이다.

욕구 충족은 깨끗한 방법을 통해서만 이뤄져야 한다

우리나라 문화에 이런 말이 있다. "개같이 벌어서 정승같이 먹는다." 그 의미를 찾아보면 "돈을 벌 때는 궂은일을 가리지 않고 벌고, 번 돈을 쓸 때에는 보람 있게 사용한다"라고 되어 있다. 그런데 여기에서 개같이 버는 경우가 두 가지로 나뉜다. 즉, 더럽고 천하게 번 돈의 의미가 두 가지라는 의미다. 첫째는 '매우 어려워 남들이 하기 싫어하는 일을 고통스럽게 해냄으로써 번 돈'이다. 자신의 헌신과 노동의 대가로 버는 돈을 의미한다. 하지만 또 다른 의미도 있다. '과정이 옳지 못한, 다시 말해 부정한 방식으로 번 돈'을 의미하기도 한다.

그런데 최근의 연구를 보면 개같이 번 돈이라 하더라도 전자와 후자, 즉 어렵거나 더럽게 번 돈을 사용하는 것이 전혀 다른 양상으로 전개된다. 결론부터 말하자면, 전자의 경우에만 정승처럼 쓰는 것이 가능하다는 것이다. 이 시대를 살아가는 우리에게 정말 중요한 이야기가 아닐 수 없다. 그 이유를 한번 알아보자.°

우선 '옳지 못한 방식으로 번 돈'이 왜 사람들을 병들게 하는가를 주의 깊게 살펴볼 필요가 있다. 우리와 겹치는 문화가 많은 중국의 학자들이 연구한 것으로 더욱 흥미롭다. 중국 중산대학교의 시니우에 주[Xinyue Zhou] 교수 연구진, 캐나다 요크대학교 니콜 미드[Nicole L. Mead] 교수 그리고 미국 플로리다주립대학교의 로이 바우마이스터[Roy Baumeister] 교수 등 내로라하는 심리학자들이 최근 재미있는 연구 결과

° 나는 이 주제와 관련해 내가 지도하는 대학원생과 이야기를 나눈 적이 있다. 내용을 듣더니 그 친구가 대뜸 이렇게 말했다. "교수님, 그래서 우리 기업들 중 상당수가 좋은 일에 기부하는 데 돈을 잘 쓰지 않는 건가요?" 물론 그렇게 단순히 생각할 문제가 아니라고 얼버무리긴 했으나,

를 발표했다. 연구진의 관심을 한마디로 요약하면 다음과 같다. "사람들은 더러운 돈dirty money에 어떻게 가치를 매기는가?" 더러운 돈이라는 표현을 우리나라에서만 쓰지 않는다는 점이 흥미롭다. 실제로 거의 대부분의 언어권에서 이런 표현을 쓴다(영어권에서는 '도덕적으로 옳지 않은 일로 얻은 돈'이란 표현을 쓸 때 사용한다).

꽤 복잡한 그들의 연구를 다음과 같이 요약할 수 있다. 연구진은 모든 참가자에게 "당신은 50달러짜리 상품권에 당첨됐습니다"라고 알린다. 그런데 그 당첨금의 출처, 즉 제공자에 대한 정보가 두 가지로 갈린다. 참가자 절반에게는 그 돈이 일반 기업에서 사은품으로 제공하는 상품권이라고 말한다. 그러므로 이들이 속한 집단은 깨끗한 돈(을 받은) 집단clean money group이다. 하지만 나머지 절반의 참가자들에게는 같은 금액의 그 상품권이 도덕적으로 문제가 있는 기업에서 제공한 것이라고 알려 준다. 따라서 이 사람들은 더러운 돈(을 받은) 집단dirty money group에 속하게 된다. 후자의 경우 참가자들이 좀 더 제대로 이해할 수 있도록 해당 기업이 도덕적으로 문제가 있음을 고발하는 기사를 읽게 했다. 이후 두 집단 모두 동일한 질문을 받는다. 그 상품권으로 살 수 있는 생필품의 개수와 종류를 대답하는 것이다.

아쉬움이 남는 것은 분명하다. 정승처럼 돈을 쓰는 조직이 여전히 부족하기 때문이다. 이와 관련해 소개하고자 하는 글이 있다. 전북대학교 신문방송학과 강준만 교수의 글이다("왜 미국 부자들은 개같이 벌어 정승같이 쓰는가?", 네이버캐스트, 2013).

결과의 차이는 확연했다. 깨끗한 돈 집단에서는 그 상품권으로 우유, 빵, 과자, 아이스크림 등 다양한 물건을 많이 살 수 있다고 응답했다. 하지만 더러운 돈 집단은 같은 금액으로 살 수 있는 물건의 종류와 수를 깨끗한 돈 집단의 절반 수준으로 답했다. 즉, 더러운 돈에 대한 가치가 평가절하된 것이다. 같은 액수인데도 더 적은 수의 물건을 살 수 있는 것으로 추정했으니 말이다. 그렇다면 다음의 추론이 가능하지 않겠는가? 더러운 돈의 경우라면, 같은 양의 물품을 사기 위해 더 많은 돈이 필요하다고 느낄 것이며, 따라서 더 많이 요구하고 더 많이 욕심내게 될 것이라고 말이다.

여기서 그치지 않았다. 사람들은 더러운 돈으로 인해 더 이기적으로 변했다. 더러운 돈으로는 타인과 나누거나 동료들과 공평하게 분배하려는 경향이 크게 줄어들었다. 더 놀라운 결과도 있다. 나쁜 일에 동참할 의향이 있는지 물어보는 질문에 더러운 돈을 받은 사람들은 깨끗한 돈을 받은 사람들에 비해 더 많은 동의를 보였다. 심지어 불공정한 제안을 거절하는 행동도 감소시키는 것으로 나타났다.

사회 구성원들이 이기적이며 위법적이고, 심지어 불공정해지는 것을 바라는 사회는 없다. 그렇기에 사회가 윤리적인 방법으로 이윤을 추구하고, 나아가 구성원이 이 부분을 제대로 공유해 인식할 수 있게끔 만드는 것이 무엇보다 중요하다. 굳이 국가나 사회를 거론하지 않더라도 가정에서도 마찬가지다. 부모가 깨끗한 방법으로 돈을 벌지 않으면, 아이는 이기적이고 위법적이며 불공정한 모습을 가지게 된다. 부정한 방법으로 큰돈을 모으면, 비록 자산가가 될 수 있을지는 몰라도 아이의 가치관에 악영향을 줄 수 있다.

배신이 만드는 악의적 창의성

당연한 이야기겠지만, 인간은 욕구가 충족되어야 행복감을 느낀다. 어린아이도 아는 사실이다. 하지만 그 이전에 더 중요한 선결조건은 불행한 일을 막는 것이다. 그러니 누군가로 인해 내가 괴로워지는 일은 절대 반갑지 않은 것이다. 하지만 학교든 사회든 사람들이 모여 있는 곳에는 꼭 이런 사람들이 있다. 나쁜 일을 벌이거나 다른 사람을 괴롭힐 때만 유난히 머릿속에서 기발한 아이디어가 솟구치는 사람들 말이다. "어떻게 저렇게 사람을 괴롭힐 때만 머리가 기발해질까?"라는 탄식을 하게끔 만드는 사람들이 정말 있을까? 즉, 나쁜 일을 할 때만 창의적으로 변하는 사람들이 진정 존재할까? 당황스럽지만 최근의 연구 결과를 보면 분명한 사실이다. 하지만 그 이유를 보면 이런 사람들의 상당수가 타고나는 것이 아니라 만들어졌을 가능성이 크다는 데서 우리를 더욱 곤혹스럽게 한다.

많은 연구들이 사이코패스나 소시오패스는 대개 타고나는 것이라고 말해준다. 나도 동의한다. 하지만 이 경우에는 그렇지 않을 가능성이 높다는 것이다. 주목해야 할 점은 그 사람의 과거에서든 현재에서든 주위 사람들이 무언가를 잘못했기 때문에 그런 인물이 되었다는 점이다. 그리고 그 핵심에는 배신이 있다. 결론부터 말하자면, 내가 누군가를 배신하면, 그 사람은 가까운 미래에 나의 행복을 망가뜨릴 가능성이 크다. 여기까지는 사실 권선징악의 차원에서 당연해 보이지만, 그다음이 매우 놀랍다. 내 행복을 망가뜨리는 방법이 매우 창의적이라는 점이다. 그러니 내가 받는 타격감은 몇 곱절이 될 가능성이 크다. 따라서 행복하게 살고 싶다면 배신은 금물이다. 그 미묘하고도 정교한 과정을 한번 살펴보자.

일단 학자들이 나쁜 짓을 할 때만 머리가 좋아지는 사람이나 상황을 어떻게 부르는지부터 알아보자. 창의 분야의 세계적 대가 제임스 카우프만James C. Kaufman 교수는 이를 두고 '악의적 창의성'이라고 부른다. 악의적이면서도 기발한 아이디어나 발상을 잘 제시하는 일종의 능력 같은 것이다. 그런데 사람들이 어떤 과정을 거치며 악의적으로 기발해지는가를 연구한 매우 절묘하면서도 안목 있는 연구들이 최근 발표되고 있다. 그중에서도 심리학자들 사이에서 가장 비중 있게 언급되는 연구가 바로 2019년에 발표된 네덜란드 암스테르담대학교 마타이스 바스Matthijs Bass 교수의 논문이다.

바스 교수와 그의 연구진은 그 유명한 '죄수의 딜레마 게임'을 약간 변형해 사람들에게 부여했다. 먼저 죄수의 딜레마 게임을 간략히 소개한다. 이 게임은 어떤 범죄를 저질렀다고 짐작되는 용의자 A, B 모두가 순순히 범죄를 자백하면, 두 사람에게 비교적 가벼운 형벌이

© flickr

구형된다. 그러나 둘 중 한 사람만 자백하고, 나머지 한 사람은 그렇게 하지 않는다면(배신한다면), 자백한 사람에게는 최악의 결과가 떨어질 것이다. 마지막으로, 상대가 자백하지 않는다는 확신만 있다면 서로 버티는 방법(아니면 중간 정도 수준의 형벌을 받는)도 있을 것이다. 단, 두 사람 사이에 의사전달은 전혀 허락되지 않는다.

이러한 논리로 진행되는 게임이라면, 게임의 참가자는 어떤 마음을 먹기 쉽겠는가? 중간 수준의 결과라도 취하려면 상대방이 협력과 배신 중 무엇을 선택하든 간에 나는 무조건 배신하면 된다. 상대방과

나를 포함한 '우리'로서는 협력이 최고의 선택이겠지만, '나'만 생각하면 배신을 선택해야 최악의 상황을 모면할 수 있는 것이 '죄수의 딜레마 게임'의 핵심이다. 인간이 배신의 유혹을 얼마나 잘 견디는지를 보는 다소 짓궂은 게임인 셈이다.

연구진이 시도한 변형된 게임의 핵심은 배신한 경우에 그 피해 정도를 기존 게임보다 훨씬 크게 잡은 것이다. 그들은 이를 '높은 사회적 위협 조건'이라고 이름 붙였다. 쉽게 말하면, 배신을 심하게 당한 경우다. 반대로 그 배신의 피해를 대폭 줄인 케이스도 있다. 이 경우는 '낮은 사회적 위협 조건'으로 불린다. 이러한 게임을 몇 차례 하고 나서, 참가자들은 전혀 무관한 과제를 수행한다. 예를 들어, "하나의 벽돌로 행할 수 있는 독특한 용도들을 모두 나열하라"는 질문에 3분 동안 답하는 것이다. 결과는 매우 흥미로웠다. 높은 사회적 위험 조건(즉, 강한 배신)을 경험한 사람들의 악의적 창의성이 매우 증가한 것이다.

별도의 심사자들이 창의적 아이디어의 양대 축인 유창성(얼마나 많은 아이디어를 만들었는지)과 독창성(얼마나 새로운 아이디어인지)에 기초해 참가자들이 내놓은 답을 평가했다. 그 결과 전반적인 유창성은 낮은 사회적 위협 집단이 훨씬 더 우수했다. 반면에 높은 사회적 위협 집단은 유난히 악의적인 아이디어에서 독창성이 우수했다. 이는 무엇을 의미하겠는가? 협력했음에도 불구하고 사회적으로 배신의 정도가 큰 사람들은 아이디어 수가 적어도 그 정도가 매우 악의적이고 기발했다는 것이다. 즉, 더 좁은 시야로 그 시야 내에서 악의적으로 생각한다는 뜻이다.

특히 유념해 살펴볼 부분은 죄수의 딜레마 게임과 전혀 무관했던 다음 과제인 벽돌의 용도를 상상하는 데 악의적 창의성이 옮겨갔다는 사실이다. 심리학자들은 이를 두고 "직전의 분노가 다음의 무관한 일에도 전염된다"는 표현을 쓴다.° 이 결과가 무엇을 의미하는지 경험해 본 사람이라면 잘 이해할 수 있을 것이다. 단순 배신이 아닌, 협력한 대가가 배신이라는 사실로 고통스러워하는 사람들을 그대로 두면, 조직이나 사회에 얼마나 비극적인 일이 초래되는지를 반드시 명심해야 한다. 그리고 내가 그 배신의 주체, 즉 실행자가 되면 나에게 배신당한 사람이 나에게 얼마나 예측불가능하게 악의적으로 될 수 있는가를 명심할 필요가 있다. 그러고 보니 이런 배신을 일삼는 사람들은 운이 좋아 몇 번은 용케 피할 수 있었겠지만, 평범한 우리로서는 도저히 예상하기 어려운 기발한(?) 방식으로 피해를 겪곤 했다. 언론이나 미디어에서 자주 마주하는 장면들이다.

° 그런데 배신과 그로 인해 좁아진 시야로 만들어지는 악의적 창의성을 연구한 논문들이 제목이나 부제에 한결같이 포함하고 있는 단어가 무엇인지 아는가? 바로 '테러'다. 그러니 배신이 만연한 사회에서는 테러와 같은 일들이 언제든지 발생할 수도 있다는 이야기가 된다.

바쁜 사람의 욕구는 쉽게 충족되지 않는다

현대인들은 자극적인 것을 좋아한다는 말을 많이 한다. 상당 부분 사실인 듯하다. 하지만 그 이유를 대부분 자극적인 영상과 음향이 나오는 매스미디어 때문이라고들 생각한다. 그런데 이런 추론만으로는 더 자극적인 것을 좇는 현대인들의 삶을 이해할 수 없다. 못지않게 중요한 이유가 있기 때문이다. 바로 '바쁨'에 있다. 현대인은 바쁜 탓에 점점 더 자극적인 것을 바라는 측면이 매우 강한데, 이를 우리가 눈치채지 못하고 있는 것뿐이다. 그리고 이점을 간과했을 때, 우리가 치러야 하는 대가는 상당하다. 더 강한 것을 원하지만, 그 이유에 관해서는 전혀 눈치채지 못하고 있으니 말이다. 따라서 그 흥미로운 함수관계를 알아보는 것은 매우 중요하다.

바쁘다는 표현은 주로 일이 많을 때 쓰는 말이다. 즉, 정해진 시간 안에 해야 할 일이 많을 때 우리는 바쁘다고 말한다. 그런데 참으로 재미있는 건 바쁜 사람이나 바쁜 조직일수록 자극적인 것을 바란다는 것이다. 상대적으로 밋밋하거나 평소와 비슷한 정도의 것을 받게 되면 불만족스러워한다. 즉, 욕심꾸러기가 되는 것이다. 그 이유와 이것이 의미하는 바는 무엇일까? 우선 재미있는 연구 하나를 살펴보자. 네덜란드 심리학자 르네 반더 발Reine van der Wal과 로테 반 딜렌Lotte van Dillen은 '주의attention'에 주목했다. 주의란 '어떤 대상이나 일에 관심을 집중하여 기울임'을 뜻한다. 사람들은 바빠질수록 주의가 분산되고 그로 인해 한 대상에 집중하는 일이 어려워지는 건 당연하다. 그리고 집중이 어려워지면 자연스럽게 평소보다 더 크고 자극적으로 느껴져야 주의를 기울이게 된다. 실험 결과 역시 마찬가지다.

예를 들어, 업무 강도가 높아 정신없이 일하는 상황에서는 평소 마시는 것보다 강한 맛의 음료를 마셔야 평상시와 비슷한 정도의 맛으로 느낀다. 즉, 물리적인 면에서 평소 마시던 음료는 "왜 이렇게 싱겁지?"라는 식의 반응을 끌어내며 만족감을 떨어뜨린다는 것이다. 물론 이러한 현상은 미각에 국한된 것이 아니다. 광범위한 영역에서 비슷한 양상으로 나타난다. 섭취량부터 특정 맛의 세기, 심지어는 금전적 보상에 이르기까지 바쁜 상황에 놓인 사람들은 자극적인 데다 양도 많은 것이 주어져야 평소와 비슷한 정도의 만족을 느끼는 것이 가능해진다는 결과가 도출된 것이다.

바쁜 사람들은 도대체 무슨 이유로 맛이든 돈이든 더 강력한 것을 좋게 되는 것일까? 우리가 무언가에 만족한다는 것은 그것에 집중하고 있어서 가능한 느낌이다. 맛있는 음식을 먹을 때, 그 맛을 음미하려고 눈을 감는 것 또한 마찬가지 이유다. 따라서 주의가 분산될 수밖에 없는 상황에서는 만족할 정도로 충분한 집중력을 발휘하기 어렵다. 그래서 같은 대상인데도 불구하고 느끼는 만족의 양과 질이 떨어질 가능성이 커진다. 그래서 나는 주변에서 회사를 운영하는 지인들에게 이런 조언을 하곤 한다. "직원들이 크고 자극적인 보상을 원한다면, 한번 되돌아봐야 합니다. 내가 직원들을 필요 이상으로 바쁘게 만드는 건 아닌지 말이죠. 그들을 무작정 열심히 일하게 만들면, 당신이 그 어떤 보상을 제공해도 그들은 만족할 가능성이 점점 떨어질 수 있다는 점을 명심해야 합니다."

바쁜 사람은 결코 만족하는 법이 없다. 물론 열심히 하는 것은 중요하다. 하지만 쉴 틈 없이 그저 바쁘기만 한 삶은, 한 사람을 지독하게 만들 가능성이 높다. 잠시라도 짬을 내서 나에게 즐거움을 주는 것에는 무엇이 있는지 생각해 보거나 (실행까지 하면 더 좋다!) 아름다운 광경을 보며 여유로운 생각에 잠겨 보는 것은 어떨까? 인간의 욕구란 그저 충족되는 투입의 개념으로 보는 것에서 그치는 게 아니라 그 욕구의 크기를 적절하게 줄여주는 그릇의 개념으로도 살펴봐야 한다.

원하는 것이 좋아하는 것일까?

최근 심리학자들이 새롭게 인식하고 있는 사실이 있다. 바로 좋아함like과 원함want의 차이가 생각보다 훨씬 명확하고 분명하다는 점이다. 더욱 중요한 점은 그 차이를 제대로 이해한다면, 욕구의 충족과 이에 기초한 행복의 추구가 수월해진다는 것이다. 예를 들어보자. 아이가 놀이동산에서 다른 아이들 손에 들려 있는 풍선을 자기도 가지고 싶다고 졸라대기에 사주었다. 그런데 금세 싫증을 내고 풍선 줄을 놓아버린다. 이런, 풍선값만 날린 셈이다. 그럴 것을 왜 사달라고 했느지 부모 입장에서는 괘씸한 생각이 들지 않을 수 없다. 그래서 아이를 혼냈고, 놀이동산에서 즐거운 시간을 보내려던 이 가족의 주말계획은 망가졌다.

왜 이런 일이 벌어졌을까? 이 아이에게 풍선은 단지 '원함'의 대상이었을 뿐이지 '좋아함'의 대상은 아니었기 때문이다. 당시 찍었던 사진을 보면 그 이유가 더욱 분명해진다. 아이가 풍선을 사달라고 졸랐던 장소에서 찍은 사진을 보면, 주위에 많은 아이들이 풍선을 가지고 있다. 그런데 아이가 풍선 줄을 허망하게 놓아버린 장소에서 찍은 사진을 보면 주위에 풍선을 가지고 있는 아이들이 거의 없다. 즉, 이 아이는 사회적 분위기에 휩쓸려 풍선을 원했던 것인데, 나 혼자 가지고 있는 상황에 있어 보니, 풍선을 좋아했던 것이 아니라는 점을 깨달은 것이다.

놀라운 점은 우리 삶이 이 아이의 상황과 크게 다르지 않다는 점이다. 남이 가진 것을 보고서, 나 역시 그것을 원하고 좋아한다고 생각해 '저것을 가지면 내가 진정으로 행복해지겠구나'라고 생각하는 경우가 드물지 않다는 뜻이다. 하지만 풍선 줄을 이내 놓은 아이처럼, 간절히 바라서 손에 넣었지만 실제로는 나에게 큰 가치가 없다는 것을 깨닫고 허탈해질 때가 어디 한두 번이었는가! 재산이든 지위든 혹은 사람이든 말이다. 그런데 그토록 간절히 원하던 것을 내 것으로 만들기 위해 인생의 대부분을 썼는데, 막상 손에 넣고 보니 무용하다는 것을 느끼게 되었을 때, 그 허무함은 어떻게 감당할 것인가?

심리학자의 눈으로 보았을 때, 중년 이후의 삶이 허탈해지는 건 대부분 이 때문이다. 그렇다면 어떻게 해야 할까? 좀 더 구체적으로, 내가 어떤 대상을 간절하게 원한다면, 무엇부터 해야 할까? 답은 간단하다. 그것 없이도 아무 문제 없이 잘 살고 있는, 심지어 행복한 일상을 누리고 있는 사람들을 만나면 된다. 내가 강렬하게 원하는 대상을 조금도 원하지 않는 사람들 말이다. 단, 나와 비슷한 환경에 있는 사람들은 내가 원하는 것과 같은 것을 원할 가능성이 크기 때문에, 나와 다른 환경에 있는 사람들을 만나야 한다. 이러한 만남은 여행, 봉사 등 여러 형태를 통해 이루어질 수 있다.

혹 잦은 만남에도 여전히 나에게 중요하다고 생각된다면, 그것은 좋아하는 것일 가능성이 크다. 앞의 상황에서 생각해본다면, 아이에게 풍선을 사주기 전, 풍선을 든 아이들이 없는 한적한 장소로 한 번쯤 이동했다면 아이가 계속 풍선을 사달라고 조르지 않았을 수도 있다. 풍선을 좋아한 것이 아니라 원했던 것이라면 말이다.

우리는 살아가는 동안 좋아하는 것을 발견하고, 그것을 원하는 것으로 성장시키며 얻기 위해 노력하는 가운데 의미 있는 행복을 경험할 수 있다. 그 과정을 무시하면 반드시 찾아오는 불한당이 바로 허망함과 무망감이다.

삶의 이유는 어디에서 찾아야 하는가?

21세기 인류를 공격하는 바이러스가 나타났다. 코로나19가 모든 것을 바꾸고 있으며, 인간의 욕구 충족 방식과 방향에도 커다란 변화를 줄 것이라고 많은 사람들이 입을 모아 말하고 있다. 실제로 많은 사람들이 포스트 코로나 시대에 어떻게 삶을 영위해가야 하는지 궁금해한다. 나 역시 심리학자로서 그런 질문을 받을 때가 종종 있다. 그럴 때면 항상 이야기하는 것이 있다. 바로 '문화적 삶'이다.

앞으로 문화적 활동이나 체험을 중시하지 않는 개인과 사회는 험난한 가시밭길을 걸어야 할지 모른다. 왜일까? 이미 다양한 분야의 전문가들이 지적하고 있다. 앞으로 무한개발, 무한생산, 무한소비라는 공식은 성립 불가능하다. 코로나 바이러스가 바로 그 과정에서 인간의 사회에 들어왔기 때문이다. 코로나 바이러스 확산 과정을 역추적해 살펴보면, 현 시국이 무사히 끝나더라도 신종 바이러스의 위험에서 벗어나지 못할 심산이 크다. 그에 따라 제한된 자연 자원과 재원으로 살아가야 할지 모르며, 사람들과의 접촉이나 공간 및 지역에 따른 이동 역시 더욱 한정적으로 제한될 수밖에 없다.

이동과 접촉이 무한대로 가능했던 시대에 우리는 수많은 사람을 만나며 서로의 영향력을 주고받았다. 자연스레 원함^{want}의 빈도와 강도 모두 강하게 작용할 수밖에 없다. 그것이 물건이든 지위든 학력이든 상관없다. 그들이 가진 것을 나도 가져야 뒤처지지 않는다는 안도

감이 생기고, 심지어 그들에게 없는 것 또한 내가 가져야 그들로부터 인정을 받는다고 여기게 된다. 수많은 타인을 만나며 그들과의 비교를 통해 자아를 결정하는 경우가 다반사다. 이를 진보적이고 급진적이었던 청년 헤겔학파에서는 '인정투쟁'이라고 했다. 바로 남의 인정을 통해서 자신의 존재감이나 가치를 평가하는 것이다. 다른 사람의 인정을 받기 위해 투쟁적인 삶을 사는 모든 종류의 행동이 여기에 포함된다.

코로나 이전, 글로벌 시대에 우리는 정도의 차이만 있을 뿐 상당한 인정투쟁을 하며 살아왔다. 더 큰 집, 더 좋은 자동차, 더 높은 지위를 차지하기 위해 얼마나 많이 노력해 왔는가? 무수한 타인의 인정을 통해 '나'를 확인하려는 마음에서 비롯된 인정투쟁에서 가장 중요한 것은 비교 우위다. 그래서 우리는 끊임없이 비교 우위에 서 있기를 바란다. 그런데 문제는 비교라는 것만큼 우리의 행복을 불안정하면서도 취약하게 만드는 것이 없다는 것이다. 아무리 큰 집을 사도 옆에 더 큰 집이 지어지면, 나는 다시 작아진다. 좋은 차를 사도 친구가 더 비싼 차를 몰고 나타나면 갑자기 나 자신이 초라해진다. 그래서 인정투쟁에 온통 몰입한 삶은 자신의 내면에서 삶의 이유를 찾는 것을 더욱 어렵게 한다. 그 결과 허탈하고 공허한 경험을 자주 하게 되는 것은 필연적이다. 당황스러운 사실은 더 많은 것을 손에 쥐고 있다고 생각할수록 이런 부정적인 경험을 더 자주, 더 강력히 겪게 된다는 것이다. 이를 꼬집어, 문화심리학자 김정운 박사는 "타인의 감탄을 통해 자아가 충족되는 허망한 삶을 살지 말라"고 충고하며 인정투쟁으로 부터 해방되라고 조언하기도 했다.

그렇다면 어떻게 해야 해방이 가능할까? 김정운 박사는 다시금 이렇게 조언한다. "그 감탄을 내가 하는 감탄으로 바꿔라." 무슨 뜻인가? 학술적 연구와 논문을 고려하지 않더라도 우리는 이미 잘 알고 있다. 내가 하는 감탄은 예술이나 미학적 경험, 여행 그리고 독서나 취미활동 등 문화라고 말할 수 있는 활동을 통해서만 가능하다. 이러한 이유로 문화적 삶이 앞으로 더욱 중요해질 것이라는 점은 많은 전문가가 동의한다.

경제적 측면에서도 문화적 삶은 매우 중요하다. 예전과 같이 인정투쟁에 몰입한 채 삶을 살아간다면, 지금과 같은 비대면 시대에 회복 불가능할 정도의 큰 허망함과 지향점을 잃은 낭비만을 겪게 될 것이 분명하다. 신종 바이러스가 걷잡을 수 없이 퍼지는 가운데, 사람들은 제한된 물적 자원과 부富 안에서 효율적으로 살아가야 하는 환경에 처했다. 그런데도 사회 구성원들이 여전히 인정투쟁에 몰입한다면, 사회는 비도덕적이고 비윤리적으로 돌아갈 것이다. 포스트 코로나 시대에 문화적 삶은 선택이 아닌 필수가 되었다. 그렇기에 주체적인 자세로 나에 대한 감탄을 만들 수 있는 문화적 삶의 중요성은 커질 수밖에 없는 것이다.

인간의 욕구는 미묘하다

"인간은 동물인가?"라는 오랜 논쟁은 "인간도 동물이다"라는 결과로 마무리되었다. 그렇지만 인간만 가지고 있는 특징을 연구하는 것은 우리에게 매우 중요한 함의가 된다. 밝혀지는 사실 자체가 중요한 것이 아니라 이를 통해 우리가 살아가야 하는 방향을 좀 더 지혜롭게 잡아볼 수 있기 때문이다. 《행복에 걸려 비틀거리다Stumbling on Happiness》의 저자 댄 길버트Daniel Gilbert는 인간의 중요한 특징을 예측nexting이라고 주장한다. 인간은 가깝든 멀든 늘 미래를 상상하고 대비하며 또 그리는 일을 한다는 것이다. 그래서 인간은 가장 중요하면서도 피할 수 없는 미래인 죽음을 매우 중요하게 다루며 생각하는 존재인지도 모르겠다. 그렇다면 인간이 미래에 대해 생각할 때 가장 중요하게 고려할 수밖에 없는 것은 무엇인가? 가치? 윤리? 종교적 신념? 사실 이런 추상적인 개념들이 인간의 생각을 지배한다고 보는 심리학자는 거의 없다. 앞서 말했듯이 인간 역시 동물이기 때문이다.

그렇다면 인간이 미래를 가장 지혜롭게 생각하도록 이끄는 방법에는 무엇이 있을까? 지금, 이 순간의 생각을 지배하는 욕구를 제대로 이해하고 다루는 것이다. 인간은 그렇게 설계되어 있기 때문이다. 인간은 자기 욕구의 실체를 잘 모를 뿐 아니라 전혀 다른 영역으로 현재의 욕구를 전염시키거나 옮기는 존재다. 하지만 이런 오작동의 기제를 절묘하게 만들어 행복의 빈도를 높였고, 장수의 기초를 닦았다.

그러니 미래의 더 큰 이득을 위해 현재의 욕구를 관리하는 방법을 잘 알아야 한다. 그리고 공존해야 하는 인간이기에 욕구의 충족은 깨끗한 방법을 통해서 추구해야 한다. 타인의 욕구도 존중해야 한다. 즉, 배신하지 않으며 욕구를 충족해야 하고, 적절한 휴식을 통해 욕구의 크기를 필요 이상으로 만드는 부적응적 요소 또한 관리해야 한다. 결국, 만족감이 지혜로운 사람이 되어야 한다. 세계적 석학이자 하버드대학교 교수인 스티븐 핑커Steven Pinker는 다음과 같이 말했다. "우리가 다른 동물보다 더 많은 일을 할 수 있는 것은 본능이 적어서가 아니라 더 많아서다!" 매우 다양한 방식으로 욕구를 다루면서, 그 부산물로서 인간은 무한한 일과 소통하니 말이다.

박한선

신경인류학자

7장

인간 정신은 진화의 결과다

1859년 11월 24일, 찰스 다윈 Charles Darwin 은 《종의 기원》을 펴냈다. 당시 책들이 흔히 그렇듯이, 원래 제목은 《자연선택에 의한 종의 기원, 또는 생존 경쟁에서 유리한 종족의 보존에 대하여》로 훨씬 길다. 요즘 출판사 편집자라면 아마 탐탁해하지 않았을 것이다. "이런 긴 제목은 독자들이 별로 안 좋아합니다."

하지만 영국 머레이 출판사는 저자의 의견을 존중했다. 탁월한 결정이었다. 책은 출간 당일에만 1,250부가 팔렸다. 지금 여러분이 읽고 있는 이 책이 얼마나 팔릴지는 모르겠지만, 아마 출간일에 매진되는 일은 없을 것이다(물론 그러면 좋겠지만). 하물며 19세기 중반이다. 광고를 할 수 있는 방송도 없고, 인터넷도 없다. 그런데 무려 502쪽짜리 학술서가 대히트를 친 것이다. 다음 해 1월 3,000부의 중쇄를 찍었지만, 밀려드는 주문을 감당하지 못했다. 7년 만에 1만 6,000권이 팔렸다. 지금 기준으로 환산한다면 100만 부가 팔린 셈이다.

　다만 판매부수만큼 대중의 반응은 따뜻하지 않았다. 노이즈 마케팅의 원조라고나 할까? 책 구입 목적의 상당수는 '반대'를 위한 것이었다. 적대적 여론은 역설적으로 책의 인기에 불을 붙였다. 안티팬도 팬이었다. 덕분에 책은 널리 알려졌고, 즉시 프랑스어와 독일어, 러시아어, 에스파냐어 등으로 번역되었다. 1896년에는 영문학자 타치바나 센자부로立花銑三郎에 의해서 일본어로 번역되었다. 당시 제목은 《생물시원 일명 종원론生物始原 一名 種原論》이었다. 그래서 옛날 책을 보면, 종의 기원이 아니라 종원론이라고 쓰인 책도 있다. 1905년에 생물학자 오카 아사지로丘淺次郎에 의해서 우리가 흔히 아는 《종의 기원種之起源》이라는 이름으로 번역되었다. 최초의 진화론 해설서 《진화론강화進化論講話》를 저술한 인물이다. 1920년에는 마군무馬君武가 중국어판을 냈다. 광시대학교 총장을 지낸 과학자인데, 1934년에 출판된 《윤봉길전尹奉吉傳》의 표지 제목을 쓴 인물이기도 하다.

　그럼, 최초의 국문판은 언제 나왔을까? 내 책장에는 1969년 을유문화사에서 '차알즈 R. 다아윈'이 쓴 《종의 기원種의 起源》 초판본이 꽂혀 있는데, 역자 이민재 교수는 홋카이도 대학 식물학과를 졸업한 생물학자였다. 아무래도 69년이라면 너무 늦다. 혹시 더 이른 국문 번역서를 알고 있으면 제보 바란다. 물론 다윈에 대한 최초의 국내 기록은 1883년, 구한말로 거슬러 올라간다. 1884년 3월 8일, 〈한성순보〉의 "태서문학원류고泰西文學源流考"라는 기사에 처음 등장한다. '태서'란

서양이라는 뜻이다. 다윈은 달이온達爾溫, 진화론은 순화론醇化設으로 간략하게 소개하고 있다. 1909년, 이상용의 《진화집설進化輯說》은 진화론에 관한 국내 학자의 최초 평론이라고 할 수 있다.

> 달이문達爾文이 종원론에서 이렇게 말하였다. "생물이 변천하는 원인은 모두 생존 경쟁, 우열과 승패의 법칙에서 비롯되는 것으로, 승패의 계기는 자연적인 것에서 비롯된 경우도 있고, 인위적인 것에서 비롯된 경우도 있다. 자연적인 것에서 비롯된 것은 '자연도태'라고 이르고, 인위에서 비롯된 것은 '인사도태'라고 이르니, 도태가 그치지 않아 종자가 마침내 날마다 진화하게 되는 것이다.

아무튼 《종의 기원》은 말 그대로 당시 동서양 지성계를 모두 흥분시킨 책이었다.

우승열패라는 신화

《종의 기원》은 (초판 기준) 총 14장으로 구성되어 있다. 1장과 2장은 각각 사육 상태와 자연 상태에서의 변이를 다룬다. 변이의 원인은 상이해도, 개체는 어쨌든 모두 다르다는 것이다. 3장은 조금 후에 이야기하자. 4장은 "자연선택natural selection"이라는 제목을 달고 있다. 나중에 "자연선택 혹은 최적자생존natural selection; or the survival of the fittest"이라는 이름으로 바뀌었다. 사회학자 허버트 스펜서Herbert Spencer가 제안한 용어다. 사실 진화evolution라는 용어도 《종의 기원》 초판에는 등장하지 않는다. 모두 스펜서가 처음 만들어낸 단어다.

진화의 사전적 정의는 '공통된 조상으로부터의 변이를 동반한 유전'이다. 다윈은 처음에 그렇게 불렀다. 그러다가 스펜서의 표현이 더 적절하다고 믿었는지 명칭을 바꾸었다. 하지만 분명 자연선택과 최적자생존은 어감이 다르다. '진화'도 그렇다. 이미 좀 더 나은 상태로의 '진보'라는 의미를 담고 있다. 에볼루션evolution이란 단어도 그렇고, 이를 진화進化로 옮긴 것도 조금은 유감이다. 자연은 우열을 따지지 않는다. 끊임없이 변화하는 환경 속에서 각각의 변이는 상이한 생존력과 번식력을 보이지만, 그렇다고 해서 무엇이 더 우월하거나 열등한 것은 아니다. 하지만 수많은 이들은 진화를 진보로 오해했고, 우승열패優勝劣敗의 신화는 지금까지 이어지고 있다. 진화론을 부당하게 꺼리는 사람이나 진화론에 과도하게 열광하는 사람은 모두 다윈의 주장을 잘못 이해하고 있었다. 책은 많이 팔렸지만, 제대로 읽은 사람은 별로 없었나 보다.

아무튼 책은 5장에서 변이의 법칙에 대한 주장, 실은 좀 터무니없는 내용이 이어진다. 다윈은 판게네시스pangenesis라는 이론을 사용하여 유전을 설명했다. 유기체의 전체 부분이 제뮬gemmule이라는 작은 조각에 농축되는데, 이것이 주로 생식선^{gonad}에 축적된다는 것이다. 물론《종의 기원》에는 판게네시스나 제뮬이라는 말이 나오지 않지만, 핵심 주장은 비슷하다. 1868년에 펴낸《사육동식물의 변이*The Variation of Animals and Plants under Domestication*》에서 더 자세하게 (물론 틀린 내용을) 다루고 있다. 당시 다윈으로서는 도무지 부모의 형질이 새끼에게 전달되는 현상을 제대로 설명할 방법이 없었다. 원래 판게네시스 가설은 히포크라테스^{Hippocrates}가 제안한 주장이다. 부모의 유기체 전부가 유전에 개입한다는 것이다. 다윈은 종종 제뮬을 판겐^{pangene}이라고 했는데, 나중에 식물학자 빌헬름 요한슨^{Wilhelm Johannsen}이 판겐과 반대되는 의미로 '유전자'라는 말을 제안했다. 유전자, 즉 '진^{gene}'이라는 단어가 생긴 것도 다윈의 공로가 (역설적인 의미에서) 크다. 약 80년이 지나서야 진화이론은 유전학과 비로소 통합되어 현대적 종합에 이를 수 있었다.

그리고 6장은 자연선택 이론에 대한 반박과 그에 대한 답이다. 초판에는 없던 장이다. 뒤를 이어 본능과 잡종, 지질학적 기록과 지리적 분포, 유연관계 등에 대한 이야기로 이어진다. 앞서 말한 여러 주장을 뒷받침하는 방대한 자료로 가득하다. 그러면, 이제 미뤄둔 3장에 대한 이야기를 해보자.

존재를 위한 투쟁

"존재를 위한 투쟁struggle for existence"은 《종의 기원》 3장의 제목이다. 직역하면 이렇지만, 다른 말로 순화해서 부르는 경우가 많다. 대개 "생존 경쟁"이라고 하곤 하는데, 투쟁이라는 말의 부정적 어감 때문일 것이다. 서로 치고받고 싸우는 느낌이다. 협력하는 경우도 많고, 이타적인 행동을 하는 때도 많지 않느냐는 것이다. 그래서 3장의 제목을 "생존을 위한 몸부림"으로 옮긴 책도 있다. 생존도 무겁다. 그냥 삶이라고 하는 경우도 있다. 하지만 이런 식으로 순화한다고 해서 '존재를 위한 투쟁'의 본질이 더욱 가벼워지는 것은 아니다.

사실 자연의 세계에서 관찰되는 '협력'은 다윈의 머리를 아프게 하던 현상이었다. 일개미는 중성neuter insects이다. 암컷이지만, 번식능력이 없다. 어떻게 자손을 낳지 않는 개체가 진화할 수 있는지 그리고 그들은 왜 자신의 삶을 남을 위해 희생하는지 다윈은 도무지 설명할 수 없었다. 나중에 유전자 수준의 선택이라는 개념이 등장해서야 비로소 해결되었다. 이타적이라고 생각했던 현상은 사실 아주 '이기적인' 현상이었다. 개체의 여러 형질은 단지 유전자의 이익에 봉사하는 것이 목적이라는 것이다.

자연의 세계는 (물론 인간 세계도 마찬가지지만) 냉혹하고 거칠다. 가까스로 목숨을 부지하며 대를 이어간다는 말이 진실에 가깝다. 부모 자식의 끈끈한 정이나 따뜻한 자애심, 의리로 뭉친 협력도 알고 보면 마찬가지다. 결국은 본인 혹은 본인 유전자에 유리한 형질이다. 진정한 의미의 이타심, 즉 어떤 층위에서도 자신에게 생존 혹은 번식상의 이득을 주지 못하는 형질은 진화할 수 없다. 보고 싶지 않고 믿고 싶지 않지만, 원래 진실은 차가운 법이다.

일찍이 아리스토텔레스^{Aristoteles}는 《동물사 *History of Animals*》에서 이렇게 말했다. "같은 지역에서 살아야 하거나 같은 먹이를 먹어야 하는 동물 간에는 적대감이 생길 수밖에 없다." 유기체는 먹어야 살 수 있다. 오늘 다른 유기체를 먹는 동물은, 내일 스스로 먹이가 될 수밖에 없다. 자신이 살기 위해 생명을 빼앗고, 언젠가는 자신도 같은 운명에 처하게 된다. 인간도 마찬가지다. 영국의 철학자 토머스 홉스^{Thomas Hobbes}는 "인간은 인간에게 늑대다^{Homo himini lupus}"라고 하였다. 고독하고 가난하고 추악하고 야만스럽고 짧은 것이 바로 인간의 삶이다. 인정하고 싶지 않은 현실이다.

사실 존재를 위한 투쟁이라는 표현은 이전에도 가끔 쓰였던 용어다. 다윈이 처음 고안한 개념이 아니다. 과거에는 주로 정치적 이슈와 관련해 사용되었지만, 토머스 맬서스^{Thomas Malthus}가 널리 알렸다. 그는 《인구론 *Malthus: An Essay on the Principle of Population*》에서, 인간 사이의 투쟁이 발생하는 이유를 간명하게 설명했다. 인구 증가 속도를 식량 생산 증가 속도가 따라잡을 수 없기 때문이다. 따라서 자원을 두고 치열한 투쟁이 벌어질 수밖에 없다. 결과는 뻔하다. 기근과 질병, 가난과 전쟁이다. 이른바 맬서스 재앙^{Malthusian catastrophe}이다.

기근은 최후의, 가장 끔찍한 형태의 자연 자원이다. 인구 증가 속도는, 인구를 지탱하는 지구의 식량 생산 증가 속도를 초과한다. 따라서 어떤 식으로든 이른 사망은 필연적이다. 인류의 악덕은 인구를 줄이는 강력한 수단이다. 막대한 파괴를 일으키는 군대의 앞잡이다. 만약 군대가 멸절의 전쟁을 이끌지 못하면, 곧 질병과 전염병이 이를 대신하여 수천수만의 생명을 앗아간다. 질병마저 성공하지 못하면, 필연적인 거대한 기근이 뒤따를 것이다. 이제 비로소 세계의 식량 생산이 감당할 수 있는 수준으로 인구가 줄어든다.

영혼의 지위를 둘러싼 이견

맬서스의 주장과 다윈의 주장은 논리적으로 아주 명백했다. 하지만 인기는 없었다. 아마 여러분도 이런 주장에 몹시 불쾌할 것이다. '존재를 위한 투쟁'이 자연의 법칙이며, 전쟁과 질병, 기근은 필연이라는 식의 비관적 주장을 열렬히 지지하기는 어려운 일이다. 수많은 사람이 맬서스주의에 반발했다. 인간은 그런 자연법칙을 뛰어넘는 위대한 영혼이 있지 않느냐고 항변했다.

다윈과 진화론을 공동 발견하고, 죽을 때까지 가까운 관계를 유지했던 알프레드 월리스Alfred Wallace가 대표적이었다. 1823년 영국 웨일

© Unsplash

진정한 의미의 이타심, 즉 어떤 층위에서도 자신에게

생존 혹은 번식상의 이득을 주지 못하는 형질은

진화할 수 없다. 보고 싶지 않고 믿고 싶지 않지만,

원래 진실은 차가운 법이다.

스 지방의 한 작은 마을, 가난한 노동자 계급에서 태어난 윌리스는 학교를 제대로 다니지 못했다. 가세가 점점 기울자 측량사의 조수나 목수 일을 하면서 생계를 도왔다. 몇 년 간의 학교생활이 정규 교육의 전부였다.

하지만 과학이 좋았다. 낮에는 일하고 밤에는 지역 과학회관 노동자 클럽에서 책을 빌려 읽으며 혼자 공부했다. 어떤 영광이나 보상도 기대할 수 없었지만, 순수한 열정으로 공부했다. 어느 날, 어린 윌리스는 중고 책방에서 1실링을 주고 작은 식물학 책을 사서 읽었다. 너무 재미있었다. 좀 더 깊이 있는 책을 물색했는데, 책방 주인은 3파운드(1파운드는 대략 20실링이다) 가격의 백과사전을 추천했다. 지금 돈으로는 10만 원이 좀 안 되는 액수다. 가난한 윌리스로서는 감당하기 어려운 가격이었다. 책방 주인에게 간청하여 책을 잠시 빌려, 밤을 새워가며 모조리 베꼈다.

윌리스는 다윈을 존경했고, 다윈의 《비글호 항해기*The Voyage of the Beagle*》를 읽으며 탐험에 대한 꿈을 키웠다. 우여곡절 끝에 아마존 탐험을 마치고 제법 유명해진 그는 다시 말레이반도로 탐험을 떠났다. 그리고 사라왁섬에서 아주 흥미로운 주장을 하였다. 바로 "모든 종은 기존에 존재하는 비슷한 종과 동일한 시공간적 상황에서 생겨난다"는 법칙이었다.

자신의 저택에서 진화이론을 완성해가던 다윈은, 우연히 윌리스의 〈사라왁 법칙 논문*Sarawak Law Paper*〉을 읽고 깜짝 놀랐다. 자신이 10년

넘게 연구해온 주제와 일치했기 때문이다. 케임브리지 대학교를 졸업한 명문가의 다윈이 정규 교육도 제대로 받지 못한 월리스와 경쟁하게 된 것이다. 학문의 세계에서 '존재'하기 위한 둘 사이의 보이지 않는 투쟁이 시작되었다.

다윈은 월리스의 논문을 칭찬했지만, 속마음은 타들어갔다. 그리고 1858년 초여름, 월리스가 쓴 〈테르나테 논문Ternate paper〉을 읽고 다윈은 거의 실신 지경에 이르렀다. 완전한 수준의 자연선택 이론을 정확하게 짚고 있었기 때문이다. 속 타는 마음을 알 리 없는 월리스는 존경하는 마음으로 논문을 발표하기 전, 다윈 선생에게 한번 검토해달라고 부탁한 것이었다. 18년 간 준비한 다윈의 진화연구가 물거품이 될 상황이었다. 다윈의 친구였던 찰스 라이엘Sir Charles Lyell과 조지프 후커Sir Joseph Hooker는 얼른 대책을 세웠다. 곧이어 열릴 학회에서 논문을 공동 발표하자는 것이다.

그렇게 다윈과 월리스의 논문이 학회에서 잇달아 발표되었다. 학문적 존재를 위한 투쟁은 일단 '무승부'로 시작했다. 그러나 점점 격차가 벌어졌다. 신분은 미천했지만, 월리스도 수백 편의 논문을 발표한 학자였다. 낮은 계급에도 불구하고 영국 학술회 회원이 되기도 했다. 독학으로 이룬 매우 경이적인 일이다. 그러나 찰스 다윈의 업적에는 미치지 못했다. 가장 결정적인 차이점은 바로 인간의 마음에 관한 견해였다.

다윈과 달리 월리스는 인간의 마음, 즉 영혼은 자연선택의 예외라고 주장했다. 신비주의적 입장을 고수한 것이다. 그러나 다윈에게 있어서 인간의 모든 형질은 점진적인 자연선택의 결과로 빚어진 것이었다. 인간의 영혼이라고 해서 예외일 수는 없었다. 1872년에 출간한 《인간과 동물의 감정 표현 The Expression of the Emotions in Man and Animals》에서 "인간의 여러 정신적 능력 역시 진화적 선택의 결과"라고 분명하게 주장했다.

인간의 마음에 관한 다윈과 월리스의 이견은 여러 가지로 참 흥미로운 일이다. 한 명은 부유한 중산층을 기반으로 한 휘그당의 지지자였고, 다른 한 명은 가난한 노동자 계급이었다. 그리고 다윈의 넷째 아들, 레너드 다윈 Leonard Darwin 은 사회다윈주의자였다. 그는 《우생학 개혁 The Need for Eugenic Reform》에서 인간의 본성은 변화하지 않으므로 하류층의 생존과 번식을 인위적으로 높이는 복지 정책에 반대했다. 물론 그의 부친, 찰스 다윈은 한 번도 사회다윈주의를 주장한 적이 없다. 그러나 사람들은 진화이론을 제멋대로 들이대며 차별과 불평등을 정당화하는 근거로 삼았다.

우생학은 특히 전문직 중산층에게 인기가 높았다. 점점 늘어나는 노동자 계급에 대한 중산층의 불안을 양분 삼아 우생학은 무럭무럭 자랐다. 엘리트를 중심으로 효율적인 사회를 건설해야 한다고 했기 때문에, 전문직이나 지식인이 큰 관심을 보일 수밖에 없었다.

반대로 월리스가 속한 프롤레타리아 계급의 세계적 단결을 주장하던 칼 마르크스도 진화이론에 대해 호평을 마다하지 않았다. "다윈의 책은 매우 중요하다. 자연과학의 관점에서 역사적 계급 투쟁을 지지한다는 부분은 내 마음에 쏙 든다"며 칭찬했다. 자연선택 이론이 제기하는 물질주의적 패러다임이 유물론을 지지하는 이론적 발판을 제공한다고 생각했다.

그러나 인간 정신의 본성에 대해서는 두 집단 간의 분명한 이견이 있었다. 자유주의적 우생학자들에게 인간의 심리적 본성은 유전적으로 결정되는, 변하지 않는 형질이었다. 상류층은 분명 우월한 유전자를 가지고 있으니, 그들의 정신도 훨씬 도덕적이고 양심적이며 건강할 것이다. 인간의 본성은 유전적 산물이었다. 그러나 볼셰비키 우생학자에게 인간의 본성은 교육과 선전을 통해 결정되는 가변적인 것이었다. 기존의 계급과 신분, 경제적 부와 능력은 결과가 아니라 원인이라고 주장했다. 인간의 본성은 사회적 산물이었다.

다윈주의에 대한 학문적 입장 차이의 공고함은 지금도 여전하다. 상당 부분은 20세기 초반에 시작한, 바로 인간 본성에 대한 상이한 견해에서 기원한다. 현명하고 지혜롭다는 지식인도, 이 부분에 대해서는 좀처럼 균형 잡힌 입장을 가지지 못하고 터무니없이 한쪽으로 편향되곤 한다. 안타까운 일이다. 아마 그러한 편향성도 본성 혹은 교육, 둘 중 하나의 결과일지도 모르겠다.

사라진 낙원

칼 마르크스와 프리드리히 엥겔스는 맬서스주의가 반동적 사상이라고 주장했다. 인구가 무제한으로 늘어나더라도, 과학기술 역시 무제한으로 발전할 수 있다는 것이다. 경제학자 헨리 조지 Henry George 는 빈곤의 근본 원인은 인구 증가가 아닌 불평등 때문이라고 했다. "매와 인간은 모두 닭을 먹는다. 매의 수가 늘어나면 닭의 수는 줄어든다. 하지만 인구가 증가하면, 닭도 증가한다."

그러나 맬서스주의가 대중의 인기를 얻지 못한 이유는 마르크스주의자의 논리적 공박에 의한 것이 아니었다. 다분히 정서적이고 감정적인 이유였다. 인류가 가지고 있던 오랜 믿음을 깨버렸기 때문이다. 세상은 원래 조화로운 상생의 공간이었다는 믿음 그리고 세상은 점점 나아지고 발전할 것이라는 믿음이었다.

태고의 세상은 평화롭고 행복하고 완벽한 곳이라는 원시주의의 믿음이 있다. 에덴동산도 좋고, 요순시절도 좋다. 원시의 삶이 지배하는 남태평양의 아름다운 섬나라의 심상, 신선과 동물, 인간이 어울려 지내는 무릉도원의 이미지다. 혹시 1980년에 개봉한 〈블루 라군The Blue Lagoon〉이란 영화를 아시는지? 소년 리처드와 소녀 에믈린은 풍랑을 만나 무인도에 겨우 피신한다. 유일한 남자와 여자. 이들은 풍족한 섬에서 아이를 낳아 기르며 행복하게 살다가…. 뭐, 이런 이야기다. 별다른 스토리도 없다. 그러나 엄청난 인기를 끌었다. 리즈 시절의 브

룩 쉴즈^{Brooke Shields}도 한몫했지만, 인류의 원초적 노스탤지어를 자극한 덕이 더 크다. 원시주의는 원점 회귀를 바라는 인간 심성의 깊은 갈망에서 비롯한다. 뭔가 잘못된 것을 고치기만 하면, 원래 있었던 아름다운 세상으로 돌아갈 수 있다는, 잃어버린 순수를 찾을 수 있다는 소망이다.

반대로 우리의 마음에는 진보주의를 향한 믿음도 병립하고 있다. 어제보다 오늘이 낫고, 오늘보다 내일이 낫기를 기대하는 것이다. 삶은 시궁창이더라도 미래에 대한 희망만 있으면 살아갈 수 있다. 더 나은 세상, 진보한 세계를 꿈꾸는 혁명가의 마음이다. 고통 속에서도 메시아와 정도령 혹은 미륵보살을 기대하는 우리의 소박한 꿈이다. 현실을 희생하여 멋진 미래를 추구하는 몽상가의 소망이다.

그러나 진화론은 이러한 원시주의적 믿음을 산산조각 냈다. 그토록 그리워하는 원시 이상향은 사실 단 한 번도 존재한 적이 없다. 지구상에 생명체가 나타난 이후 존재를 위한 투쟁은 잠시도 멈추지 않고 계속되었다. 여전히 많은 사람이 진화론을 꺼리는 진짜 이유 중 하나는, 마음 깊은 곳에 있는 '좋았던 과거'에 대한 깊은 환상을 무너뜨리기 때문인지도 모른다. 또한 존재를 위한 투쟁에는 진보주의적 믿음이 자리할 곳이 없다. 기술발전과 사회개혁은 잠시의 낙토를 만들 수 있다. 그러나 지난 수세기에 걸친 진보를 들먹이며 맬서스의 주장을 기각하려는 시도가 있다. 사실 양차대전을 비롯한 엄청난 인류사적 비극을 생각하면 그것을 진보라고 부를 수 있을지 의문이지만, 설령 그렇다고 해도 진화사적으로 너무 짧은 시간이다.

영원한 낙토는 없다. 진화론이 등장하면서, 사람들의 마음속에 있던 '더 나은 미래'에 대한 희망이 사라져 버렸다. 이러고도 진화론을 받아들이라면, "도대체 무엇 때문에?"라는 거친 항의에 부딪힐 수밖에 없다. 다윈의 진화론은 그렇게 우리 마음에서 태곳적 이상향과 언젠가 찾아올 파라다이스를 모두 앗아버렸다. 팩트가 너무 고통스러우면, 우리는 종종 눈을 감고 꿈을 꾸는 편을 택한다.

장밋빛 미래를 그리다

다른 동물과 구분되는 인류만의 특징이 무엇일까? 다양한 의견이 있겠지만, 크게 두 범주로 나눌 수 있다. 하나는 기술, 다른 하나는 사회다. 물론 인간만 도구를 만들고, 기술을 사용하는 것은 아니다. 사회를 이루고 사는 유일한 동물도 아니다. 하지만 인류가 이룩한 높은 수준의 기술적 문명과 사회적 문화는 그 어떤 동물과도 비견할 수 없을 정도로 복잡하고 정교하다. 그리고 두 가지 독특한 형질은 바로 인간이 가진 '마음'에서 비롯했다. 각각 기술적 뇌가설, 사회적 뇌가설이라고 한다.

인간의 정신은 어느 날 하늘에서 뚝 하고 떨어진 것이 아니다. 오랜 진화계통학적 기원을 가지고 있는 형질이다. 수많은 변이가 자연선택을 거치며 조금씩 다듬어진 것이다. 점점 큰 뇌와 복잡한 인지 기능 그리고 다양한 감정과 사고, 판단, 공감 능력이 진화했다. 그렇다고 '인류야말로 우월한 동물'이라는 것도 아니다. 각각 주어진 환경에 맞추어 코끼리에게는 긴 코가, 박쥐에게는 초음파를 듣는 능력이, 돌고래에게는 수영을 하는 지느러미가 나타났다. 다들 자신의 영역에서 '우월'하다고 주장할 것이다. 동물원의 침팬지를 보면서 "미개한 너는 언제 진화해서 인간이 될 테냐?"라며 터무니없는 우월감에 빠진 사람이 여전히 있다는 사실이야말로, 인간 정신이 우월하지 않다는 반증이다.

아무튼 아슐리안 손도끼에서 시작한 기술적 혁신은 경이적인 수준으로 발전했다. 그렇다면 과학기술이 필연적인 맬서스 파국을 막을 수 있을까? 소출이 많은 작물을 육종하고 효과적인 비료를 만들며 자연재해를 줄이고 관개 시설을 개량하는 것이다. 밀집 사육은 다양한 논란을 낳고 있지만, 어쨌든 전보다 적은 비용을 들여서 더 많은 고기와 우유, 달걀을 생산하고 있다. 태양에너지와 핵에너지를 통해 가용 에너지를 늘리며, 인류는 끝없는 번영을 누릴 수 있다는 눈부신 희망에 차 있다.

많은 사람이 살기에 지구는 너무 좁다고? 땅이 꽉 차면, 바다로 나가면 된다. 바다도 꽉 차면 우주로 나가자. 달과 화성에 식민지를 건설하고 전 우주에 인간이 살 곳을 건설하는 것이다. 기술적 혁신을 통해 자원을 둘러싼 필연적인 갈등을 원천적으로 해결할 수 있다는 주장이다. 우주도 꽉 차면 어떻게 해야 할지는 모르지만, 그때는 또 '뭔가 새로운 혁신'이 있을 테니 지금부터 걱정할 일은 아니라는 식이다.

사회적 혁신을 이야기하는 사람도 있다. 언어와 공감 능력의 진화는 경이적인 사회와 인류 문화를 만들어냈다. 인류 사회가 필연적인 맬서스 파국을 막을 수 있을까? 자원의 양보다는 공평무사한 분배가 더 문제라는 식이다. 모든 사람이 충분히 배불리 먹고 살 수 있는데, 분배가 잘 안 되어 굶주린 사람이 생기고, 싸움이 벌어진다는 주장이다. 그럼에도 불구하고 인구가 늘어나면 교육과 계도를 통해서 인구를 적당히 조절할 수 있다. 인간은 충분히 똑똑하기 때문에 스스로 인류 사회를 평화롭고 조화로운 상생의 세상으로 만들어 나갈 수 있다는 식이다.

아니, 여전히 배신과 협잡이 끊이지 않는 세상인데? 하지만 사회적 협력을 하는 동물이라고 반박한다. 적절한 통제와 강력한 규제, 교육과 계몽을 통해서 개인의 생각을 바꾸고, 사회도 다시 세울 수 있다는 희망찬 바람이다. 전 지구적인 협력으로 지속 가능한 평화로운 발전을 이룩할 수 있다는 꿈이다.

그런데 좀 수상하다. 이건 앞서 말한 원시주의와 진보주의의 변형된 형태가 아닌가? '원래' 인간이 태곳적부터 가진 기술적·사회적 능력을 바탕으로 더 '진보'한 세상을 만들어낸다는 것에 불과하다.

투쟁의 상처

기술혁신을 통한 증산 및 거주지 확보에는 본질적인 한계가 있다. 기하급수적으로 늘어나는 인구를 감당하려면 지구가 몇 개, 아니 곧 우주가 몇 개 있어도 모자란다. 화성을 개발하고, 금성을 개척해도 결국 한계에 봉착할 것이다. 게다가 기술혁신이 무한정 계속된다는 보장도 없다. 인류의 뇌는 호모 에렉투스와 호모 사피엔스를 거치면서 두 번에 걸쳐 크게 커졌지만, 과연 세 번째 대뇌화가 일어날 수 있을까? 게다가 기술적 혁신은 공짜가 아니다. 핵폐기물, 환경오염, 과도한 개발에 의한 자연 파괴, 신종 감염병 유행 등 오히려 더 큰 비용을 치러야 하는 일도 흔하다. 모든 것은 끝이 있는 법이다.

사회 개조를 통한 시도 역시 마찬가지다. 사실 인간 사회를 이상적으로 만들겠다는 시도는 대개 끔찍한 비극을 초래했다. 지상 낙원을 약속하던 소비에트 사회주의는 수천만 명의 아사자를 낳았고, 서구 자본주의 사회 역시 극심한 불평등과 빈곤을 유발했다. 지금도 세계 어디선가 전쟁이 벌어지고 있다. 끊임없이 죽고 죽이고 있다. 우리 본성은 교육이나 계도로 쉽게 바뀌지 않는다. 그런데 역설적인 말이지만, "본성은 교육을 통해 바뀔 수 있다"는 믿음이야말로 좀처럼 '잘 바뀌지 않는' 생각이다. 많은 인류사적 비극은 인류가 스스로 과대평가하기 때문에 일어난다.

기술 문명에 대한 과도한 기대도, 사회적 변혁에 거는 순진한 믿음도 모두 곤란하다. 그렇다면 맬서스의 말마따나 자원 고갈과 과도한 투쟁, 기아, 전쟁으로 이어지는 벼랑 끝으로, 왜 피할 수 없는 행진을 하는 것일까? 미래는 아무도 모른다. 하지만 희망은 분명 우리의 과거에서 찾을 수 있을 것이다.

600만 년 전, 인류가 침팬지와 각자 다른 길을 걷기로 결심한 이후 인류 진화사 전체가 '존재를 위한 투쟁'의 기록으로 가득하다. 헤아릴 수 없이 많은 재난적 위기를 넘겼다. 간신히 살아남았다는 말이 옳을 정도로 인류의 역사는 믿을 수 없는 고통과 슬픔의 연속이었다. 그리고 고통스러운 진화적 기억은 우리의 몸과 마음에 깊이 새겨져 있다. 몸에는 흉측한 상처를 남기고, 마음에는 심각한 트라우마를 남겼다. 진화의 역사라는 거울 앞에 선 인류의 나신은 정말 눈뜨고 볼 수 없을 정도로 처참하다.

수백만 년의 투쟁은 인류에게 엄청난 비극이었다. 두발걷기는 추간판탈출증(척추 질환)과 난산을 유발했고, 거주지의 확대는 피부암을 일으켰으며, 굶주림은 당뇨와 고지혈증을, 육식은 충치와 덧니를 일으켰다. 화식은 결핵을, 농경은 불평등을, 가축화는 신종 감염병을 일으켰다. 장거리 이동은 체모의 감소를, 체모의 감소는 피부암을, 피부색의 변화는 구루병을 일으켰다. 불완전하기 그지없는 인류의 몸은 바로 존재의 대가이자 투쟁의 상처였다.

우리 마음도 마찬가지다. 기술적·사회적 능력이 소위 '긍정적'인 역할만 했을 리 없다. 아슐리안 손도끼가 동물을 사냥하는 데만 쓰였을 것이라고 생각하면 너무 순진한 착각이다. 얼마나 많은 사람이 손도끼에 맞아 죽었을까? 공감 능력도 그렇다. 아마 협력보다는 협잡에 더 유용하게 쓰였을 것이다. 언어야말로 계략을 꾸미고, 타인을 기만하며, 거짓말을 하는 데 아주 적합한 정신적 형질이다. 그렇게 서로 빼앗고, 죽이고, 미워하고, 분노하고, 속이고, 배신했다. 지금도 그렇다. 똑똑한 두뇌를 가진 많은 이가 더 효과적인 무기를 만들기 위해 밤잠을 줄인다. 더 치명적으로 상대를 속이기 위해서 머리를 맞대고 고민한다.

그토록 칭송해 마지않는 인간의 마음. 하지만 우리 마음에 우리 미래를 맡기기는 너무 불안하다. 인간의 마음처럼 허약한 것이 있을까? 인구는 70억 명으로 늘었지만, 20억 명이 우울증을 앓고, 30억 명이 불안에 시달린다. 1억 명이 넘는 사람이 환청과 망상에 고통받고 있다. 8천만 명이 술독에 빠져 살며, 그중 매년 300만 명이 술을 마시다 죽는다.

우리는 인간의 지능, 기술, 과학, 언어, 사회성, 문화 등에 지나치게 높은 점수를 주는 경향이 있다. 사실 이러한 능력은 우월하다기보다는 취약한 조건에서 살아남기 위한 어쩔 수 없는 적응 전략이었다. 인간의 지능은 매우 편향되어 있다. 기억은 불확실하고 판단은 믿을 수 없다. 단지 존재를 위해 빚어진 것이다. 공평무사한 초월적 이성을 위해 만들어진 뇌가 아니다.

사회도 그렇다. 언어는 생각을 나누는 도구에서, 생각을 강제하는 사슬이 되었다. 사회성과 공감 능력, 언어야말로 가장 효과적인 '무기'다. 수많은 사람이 유언비어에 시달리고, 터무니없는 모략이 횡행한다. 우리는 상어를 두려워하지만, 매년 상어에 공격당하는 사람은 100명도 채 되지 않는다. 사람을 공격하는 주적은 바로 사람이다. 서로 고통을 주고받으며 삶을 지옥으로 만드는 원흉은 바로 우리 자신이다. 1분 20초마다 한 명꼴로 살인이 벌어지는데, 사형이나 전쟁 사망자는 제외한 숫자다. 40초마다 한 명꼴로 사람들은 자살한다. 1천만 명이 감옥에 수감되어 있고, 일부 국가에서는 전 인구의 1/4이 전과자다.

과거에는 좀 더 낫지 않았을까? 각박한 현대 사회에 의해서 본디 선하던 우리가…. 또다시 원시주의가 우리를 정신 못 차리게 한다. 신석기 초기에는 남성의 40%가 부족 간 전투로 사망했다. 그리고 점령당한 부족의 아이와 여성은 모두 노예가 되었다. 현대 수렵채집 사회도 크게 다르지 않다. 사망 원인 중 10~60%는 타살이다. 유아 살해, 강간, 폭력 등은 말할 필요도 없다. 인류를 고통스럽게 하는 주요 원인은, 사실 생존을 위한 기나긴 진화사적 과정에서 인류가 스스로 만들어낸 것이다. 존재를 위한 투쟁이 인간성에 남긴 커다란 진화적 트라우마다.

마음의 진화

《종의 기원》에는 인간의 마음에 관한 이야기가 별로 나오지 않는다. 사실 다윈은 인간의 정신도 진화의 산물이라고 생각했다. 그러나 이러한 주장은 진화이론보다 더 격렬한 반발을 불러왔다. 진화론에 동조하던 당시의 학자들도, 정신의 진화라는 주장에 대해서는 고개를 설레설레 내저었다. 몸과 마음은 서로 나뉜다는 데카르트식 이원론이 여전히 공고했다. 게다가 당시의 심리학은 믿음직한 이론이나 가설을 제안하기에는 너무 유치한 수준이었다. 철학이나 문학이 인간의 정신에 관해 더 깊은 통찰을 보여주던 때다(사실 지금도 그런 면이 있지만).

인간의 여러 행동이나 정서, 인지, 관계 등 다양한 정신적 형질은 진화적 산물인 동시에 주변 환경에 어떻게든 적응하려고 했던 생태적 압력의 결과다. 따라서 매일매일 우리가 경험하는 정서적 고통, 인지적 오류, 대인 혹은 집단 간의 갈등은 긴 진화사의 결과물이다. 우리의 선조가 험난한 자연환경과 복잡한 사회환경 속에서 생존하기 위해 투쟁해온 역사가 바로 현대인의 정신적 활동의 기저를 이루는 것이다.

인간의 마음은 분명 본성과 양육, 두 가지 요인에 의해 결정된다. 어느 하나가 주도권을 가진 것도 아니고, 시간적인 순서나 위계가 있는 것도 아니다. 환경에 유연하게 적응하는 능력 자체가 진화한 형질이며, 동시에 환경에 적응하면서 새로운 본성이 나타나기도 한다. 다양한 환경과 유전자는 다양한 본성을 만들고, 양육적 환경에 대한 여러 가지 반응적 결과를 유발한다. 그리고 그러한 결과는 상이한 생존력과 번식력이라는 자연의 법칙에 의해서 거대한 진화사적 변화를 추동한다. 그 핵심에 바로 '존재를 위한 투쟁'이 있다.

'존재를 위한 투쟁'은 적자생존을 정당화하는 신자유주의적 가치를 지지하는 것도 아니고, 계급 투쟁을 지지하는 마르크스적 혁명 이론을 지지하지도 않는다. 제국주의자와 전체주의자, 공산주의자는 제멋대로 다윈 이론을 가져다가 난도질하고 입맛대로 갖다 붙여 이용했다. 사실 다윈은 이렇게 진화론을 악용하는 움직임에 힘들어했다. 그는 편지에서 "소위 문명인이라는 코카서스인이 생존을 위한 투쟁이라며 터키인을 구렁텅이로 밀어 넣고 있다"고 한 적도 있었다.

인간의 마음은 기나긴 진화의 산물이다. 마음에 터무니없이 높은 지위를 부여하는 것도 곤란하며, 영속적인 불변성을 상정하는 것도 옳지 않다. 물론 '마음대로' 재단하고 조작할 수 있는 고무찰흙으로 여겨서도 안 된다. 이것은 그 중간 어디에 답이 있는 문제가 아니다. 본성과 양육이 남북으로 나뉘어 국경 분쟁을 일으키는 것과는 다르다. 본성과 양육이 전체 땅에 대한 절반의 지분을 공유하고 있다는 비유가 더 적절하다.

마음은 모든 동물이 가지고 있는 것이지만, 인간의 마음에 비견할 수 있는 다른 동물의 예를 찾기 어렵다. 비교생물학적 연구가 어려운 이유다. 그러니 인간 마음에 독특하고 유일한 지위를 부여하고 싶은 유혹을 느끼는 것도 어떤 면에서는 당연한 일이다. 영혼이라고 부르는 것도 십분 이해할 수 있다. 하지만 인간의 마음은 신체와 달리 어떤 미지의 영역에 위치한다는 주장은, 그 근거가 경전이든《방법서설》이든 양자역학이든 노자사상이든 카오스 이론이든, 도무지 있을 법한 일이 아니다.

인간의 마음은 진화적 접근을 통해서 온전하게 이해할 수 있다. 기나긴 진화계통학적 접근과 넓고 다양한 행동생태적 접근을 모두 포괄해야 한다. 우리가 찾고자 하는 인간성의 본질을 찾아내는 길이다. 아마 고통스럽고 혼란스러울 것이다. 종종 불가해한 정신적 병리에 대한 진화적 접근이 그 지름길이 될지도 모른다.

인간 마음에 관해서는 수많은 이론과 주장, 가설이 경합한다. 전 패러다임의 수준에 머물고 있다. 그러나 이러한 가설의 춘추전국시대에도 인간 정신에 관한 '단 하나의 이론'을 제시한다면, 그것은 바로 '존재를 위한 투쟁'으로서의 마음의 진화다.

참고문헌

1장

- 프란치스코 교황 저, 최수철·윤병언 역, 《무신론자에게 보내는 교황의 편지》, 바다출판사, 2014년.
- *Original Blessing*, Matthew Fox, Bear & Company, 1983.
- 루크레티우스 저, 강대진 역, 《사물의 본성에 관하여》, 아카넷, 2012.

2장

- 몬트세라트 귀베르나우 저, 유강은 역, 《소속된다는 것》, 문예출판사, 2015, 63쪽.
- 파올로 조르다노 저, 김희정 역, 《전염의 시대를 생각한다》, 은행나무, 2020, 37쪽.
- M. T. 앤더슨 저, 장호연 역, 《죽은 자들의 도시를 위한 교향곡》, 돌베개, 2018.

3장

- 김동규, 김웅빈 저, 《미생물이 플라톤을 만났을 때》, 문학동네, 2019, 155쪽.

- Darwin, 《On the Origin of Species》, "CONCLUSION. CHAP. XIV", p. 490, London: John Murray, http://darwin-online.org.uk/content/frameset?itemID=F 373&viewtype=side&pageseq=1.

4장

- Allman, J. M., Tetreault, N. A., Hakeem, A. Y., Manaye, K. F., Semendeferi, K., Erwin, J. M., Hof, P. R., "The von Economo Neurons in Frontoinsular and Anterior Cingulate Cortex in Great Apes and Humans", *Brain Struct Funct*, 2010, 214(5-6): 495~517.

- Bang, D. & Flemming, S. M., "Distinct Encoding of Decision Confidence in Human Medial Prefrontal Cortex", *PNAS*, 2018, 115: 6082~6087.

- Barrett, L. F. & Simmons, W. K., "Interoceptive Predictions in the Brain", *Nature Reviews Neuroscience*, 2015, 16(7): 419~429.

- Bartra, O., McGuire, J. T., & Kable, J. W., "The Valuation System: A Coordinate-based Meta-analysis of BOLD fMRI Experiments Examining Neural Correlates of Subjective Value", *Neuroimage*, 2013, 76: 412~427.

- Bird, G., Silani, G., Brindley, R., White, S., Frith, U., & Singer, T. "Empathic Brain Responses in Insula are Modulated by Levels of Alexithymia but not Autism", *Brain*, 2010, 133(Pt 5): 1515~1525.

- Bornemann, B. & Singer, T., "Taking Time to Feel Our Body: Steady Increases in Heartbeat Perception Accuracy and Decreases in Alexithymia over 9 Months of Contemplative Mental Training", *Psychophysiology*, 2017, 54(3): 469~482.

- Britta K. Hölzel, Ulrich Ott, Hannes Hempel, Andrea Hackl, Katharina Wolf, Rudolf Stark, Dieter Vaitl, "Differential Engagement of Anterior Cingulate and Adjacent Medial Frontal Cortex in Adept Meditators and Non-meditators", *Neuroscience Letters*, 2007, 421(1): 16~21.

- Cikara, M., Jenkins, A. C., Dufour, N., & Saxe, R., "Reduced Self-referential Neural Response during Intergroup Competition Predicts Competitor Harm", *NeuroImage*, 2014, 96(1): 36~43.

- Dreher, J. C., Dunne, S., Pazderska, A., Frodl, T., Nolan, J. J., & O'Doherty, J. P., "Testosterone Causes both Prosocial and Antisocial Status-enhancing Behaviors in Human Males", *PNAS*, 2016, 113(41): 11633~11638.

- Etkin, A., Egner, T., Peraza, D. M., Kandel, E. R., & Hirsch, J., "Resolving Emotional Conflict: A Role for the Rostral Anterior Cingulate Cortex in Modulating Activity in the Amygdala", *Neuron*, 2006, 51(6): 871~882.

- Fischer, D. B., Boes, A. D., Demertzi, A., Evrard, H. C., Laureys, S., Edlow, B. L., Geerling, J. C., "A Human Brain Network Derived from Coma-causing Brainstem Lesions", *Neurology*, 2016, 87(23): 2427~2434.

- Greene, J. D., Sommerville, R. B., Nystrom, L. E., Darley, J. M., & Cohen, J. D., "An fMRI Investigation of Emotional Engagement in Moral Judgment", *Science*, 2001, 293(5537): 2105~2108.

- Grynberg, D. & Pollatos, O., "Perceiving One's Body Shapes Empathy", *Physiol Behav*, 2015, 140: 54~60.

- Harbaugh, W. T., Mayr, U., & Burghart, D. R., "Neural Responses to Taxation and Voluntary Giving Reveal Motives for Charitable Donations", *Science*, 2007, 316(5831): 1622~1625.

- Jung, D., Sul, S., Lee, M., & Kim, H., "Social Observation Increases Functional Segregation between MPFC Subregions Predicting Prosocial Consumer Decisions", *Scientific Reports*, 2018, 8(1): 3368.

- Kim, H., Adolphs, R., O'Doherty, J. P., & Shimojo, S., "Temporal Isolation of Neural Processes Underlying Face Preference Decisions", *PNAS*, 2007, 104: 18253~18258.

- Koenigs, M., Young, L., Adolphs, R. et al., "Damage to the Prefrontal Cortex Increases Utilitarian Moral Judgements", *Nature*, 2007, 446: 908~911.

- Koenigs, M. & Tranel, D., "Irrational Economic Decision-making after Ventromedial Prefrontal Damage: Evidence from the Ultimatum Game", *J Neurosci*, 2007, 27(4): 951~956.

- Koob, G. F. & Le Moal, M., "Drug Addiction, Dysregulation of Reward, and Allostasis", *Neuropsychopharmacology*, 2001, 24(2): 97~129.

- Lee, M., Sul, S., & Kim, H., "The Impact of Moral Decision Style on Impression Formation", *Korean Journal of Social and Personality Psychology*, 2014, 28(2):

201~223.

- Lee, M., Sul, S., & Kim, H., "Social Observation Increases Deontological Judgments in Moral Dilemmas", *Evolution and Human Behavior*, 2018, 39(6): 611~621.

- Lee, S. W., Shimojo, S., & O'Doherty, J. P., "Neural Computations Underlying Arbitration between Model-based and Model-free Learning", *Neuron*, 2014, 81: 687~699.

- Levy, D. J. & Glimcher, P. W., "The Root of All Value: A Neural Common Currency for Choice", *Curr Opin Neurobiol*, 2012, 22(6): 1027~1038.

- Lin, A., Adolphs, R., & Rangel, A., "Social and Monetary Reward Learning Engage Overlapping Neural Substrates", *Soc Cogn Affect Neurosci*, 2012, 7(3): 274~281.

- McEwen, B. S., "Stress, Adaptation, and Disease. Allostasis and Allostatic Load", *Ann N Y Acad Sci*, 1998, 840: 33~44.

- Mitchell, J. P., Macrae, C. N., & Banaji, M. R., "Dissociable Medial Prefrontal Contributions to Judgments of Similar and Dissimilar Others", *Neuron*, 2006, 50: 655~663.

- Moll, J., Krueger, F., Zahn, R., Pardini, M., de Oliveira-Souza, R., & Grafman, J., "Human Fronto-mesolimbic Networks Guide Decisions about Charitable Donation", *PNAS*, 2006, 103(42): 15623~15628.

- Northoff, G., Heinzel, A., de Greck, M., Bermpohl, F., Dobrowolny, H., & Panksepp, J., "Self-referential Processing in Our Brain: A Meta-analysis of Imaging Studies on the Self", *NeuroImage*, 2006, 31: 440~457.

- O'Doherty, J., Winston, J., Critchley, H., Perrett, D., Burt, D. M., & Dolan, R. J., "Beauty in a Smile: The Role of Medial Orbitofrontal Cortex in Facial Attractiveness", *Neuropsychologia*, 2003, 41(2): 147~155.

- Raichle, M. E., "The Brain's Default Mode Network", *Annual Review of Neuroscience*, 2015, 38: 433~447.

- Reber, R., Schwarz, N., & Winkielman, P., "Processing Fluency and Aesthetic Pleasure: Is Beauty in the Perceiver's Processing Experience?", *Personality and Social Psychology Review*, 2004, 8(4): 364~382.

- Sanfey, A. G., Rilling, J. K., Aronson, J. A., Nystrom, L. E., & Cohen, J. D., "The

Neural Basis of Economic Decision-making in the Ultimatum Game", *Science*, 2003, 300(5626): 1755~1758.

- Sakaki, M., Yoo, H. J., Nga, L., Lee, T. H., Thayer, J. F., & Mather, M., "Heart Rate Variability is Associated with Amygdala Functional Connectivity with MPFC Across Younger and Older Adults", *Neuroimage*, 2016, 139: 44~52.

- Sauer, H., "Automaticity and Rationality in Moral Judgement", *Philosophical Explorations*, 2012, 15(3): 255~275.

- Saxe, R. & Baron-Cohen, S., "The Neuroscience of Theory of Mind", *Soc Neurosci*, 2006, 1(3-4): i-ix.

- Seth, A. K., "Interoceptive Inference, Emotion, and the Embodied Self", *Trends in Cognitive Sciences*, 2013, 17(11): 565~573.

- Stich, S., Doris, J. M., & Roedder, E., "Altruism", In J. M. Doris(Ed.) & Moral Psychology Research Group, *The Moral Psychology Handbook*, 2010, pp. 147~205.

- Sul, S., Tobler, P. N., Hein, G., Leiberg, S., Jung, D., Fehr, E., & Kim, H., "Spatial Gradient in Value Representation along the Medial Prefrontal Cortex Reflects Individual Differences in Prosociality", *Proceedings of the National Academy of Sciences of the United States of America*, 2015, 112(25): 7851~7856.

- Sznycer, D., "Forms and Functions of the Self-conscious Emotions", *Trends Cogn Sci*, 2019, 23(2): 143~157.

- Tabibnia, G., Satpute, A. B., & Lieberman, M. D., "The Sunny Side of Fairness: Preference for Fairness Activates Reward Circuitry (and disregarding unfairness activates self-control circuitry)", *Psychol Sci*, 2008, 19(4): 339~347.

- Terasawa, Y., Moriguchi, Y., Tochizawa, S., & Umeda, S., "Interoceptive Sensitivity Predicts Sensitivity to the Emotions of Others", *Cogn Emot*, 2014, 28(8): 1435~1448.

- Thornhill, R. & Gangestad, S. W., "Facial Attractiveness", *Trends in Cognitive Science*, 1999, 3: 452~460.

- Tricomi, E., Rangel, A., Camerer, C. et al., "Neural Evidence for Inequality-averse Social Preferences", *Nature*, 2010, 463: 1089~1091.

- Van Boven, L. & Loewenstein, G., "Social Projection of Transient Drive States", *Pers Soc Psychol Bull*, 2003, 29(9): 1159~1168.

- Arnone, D., "Common and Distinct Patterns of Grey-matter Volume Alteration in Major Depression and bBpolar Disorder: Evidence from Voxel-based Meta-analysis", *Molecular Psychiatry*, 2017, 22(10): 1455~1463.
- Yoon, L., Somerville, L. H., & Kim, H., "Development of MPFC Function Mediates Shifts in Self-protective Behavior Provoked by Social Feedback", *Nat Commun*, 2018, 9(1): 3086.
- Zahavi, A., "Reliability in Communication Systems and the Evolution of Altruism", In B. Stonehouse & C. M. Perrins(Eds.), *Evolutionary Ecology*, London: Palgrave, 1977.
- Zaki, J., Davis, J. I., & Ochsner, K. N., "Overlapping Activity in Anterior Insula during Interoception and Emotional Experience", *Neuroimage*, 2012, 62(1): 493~499.
- Zaki, J. & Mitchell, J. P., "Equitable Decision Making is Associated with Neural Markers of Intrinsic Value", *PNAS*, 2011, 108(49): 19761~19766.

5장

- 열역학과 엔트로피에 관한 책으로 《맥스웰의 도깨비가 알려주는 열과 시간의 비밀》(한스 크리스찬 폰 베이어 저, SKKUP)을 추천한다. 더불어 온도의 발견과 표준화의 과정에 관한 과학의 흥미로운 역사가 궁금한 독자에게는 《온도계의 철학》(장하석 저, 동아시아)을 추천한다.
- Klein, Martin J., "Thermodynamics in Einstein's Thought", *Science*, 1967, pp. 157, 509.

6장

- Bruner, J. S. & Goodman, C,. C., "Value and Need As Organizing Factors in Perception", *Journal of Abnormal and Social Psychology*, 1947, 42: 33~44.
- Knetsch, Jack L., "The Endowment Effect and Evidence of Nonreversible Indifference Curves", *American Economic Review*, 1989, 79(5): 1277~1284.

- Yang, Qing, Wu, Xiaochang, Zhou, Xinyue, Mead, Nicole L., Vohs, Kathleen D., & Baumeister, Roy F., "Diverging Effects of Clean Versus Dirty Money on Attitudes, Values, and Interpersonal Behavior", *Journal of Personality and Social Psychology*, 2013, 104(3): 473~489.

- Baas, M., Roskes, M., Koch, S., Cheng, Y., & De Dreu, C. K. W., "Why Social Threat Motivates Malevolent Creativity", *Personality and Social Psychology Bulletin*, 2019, 45(11): 1590~1602.

- Xianchi, D., Brendl, C. M., & Ariely, D., "Wanting, Liking, and Preference Construction", *Emotion*, 2010, 10(3): 324~334.

- 김정운 저, 《가끔은 격하게 외로워야 한다》, 21세기북스, 2015.

7장

- Kijima, T. & Hoquet, T., "Translating 'natural selection' in Japanese: from 'shizen tōta' to 'shizen sentaku', and back?", *Bionomina*, 2013, 6(1): 26~48.

- ゴダール クリントン, "コケムシから哲いまで: 近代日本の '進化論・生物いの哲い'の先ル者としての丘浅次郎". 『日本哲い史研究』, 2007, 4: 75~99.

- Vincent Shen, Tsing-song, "Evolutionism through Chinese Eyes: Yan Fu, Ma Junwu and Their Translations of Darwinian Evolutionism", *ASIANetwork Exchange*, 2015, 22 (1): 49~60.

- 김희곤, "윤봉길 현양 자료를 통해 본 상해의거의 역사적 의미: 광복 이전 자료를 중심으로", 〈한국독립운동사연구〉, 2012, 43: 243~279.

- 강미경, "200년 전 다윈, 세상을 다시 흔들다", 〈숙대신보〉, 2008년 12월 4일, http://news.sookmyung.ac.kr/news/articleView.html?idxno=1567.

- Geison, G. L., "Darwin and Heredity: The Evolution of His Hypothesis of Pangenesis". *J Hist Med Allied Sci*, 1969, XXIV(4): 375~411.

- Johannsen, W., *Elemente der exakten erblichkeitslehre: Deutsche wesentlich erweiterte ausgabe in fünfundzwanzig vorlesungen*, G. Fischer, 1909.

- 찰스 다윈 저, 신현철 역, 《종의 기원》, 소명출판, 2019.

- Ratnieks, F. L. W., Foster, K. R., & Wenseleers, T., "Darwin's Special Difficulty:

the Evolution of "Neuter Insects" and Current Theory", *Behavioral Ecology and Sociobiology*, 2011, 65(3): 481~492.

- Aristotele, *History of Animals*, Harvard University Press, 1970.

- Malthus, T. R., *Malthus: An Essay on the Principle of Population*, Cambridge University Press, 1992, Chap. 7, p. 44.

- 박한선, "정신의학의 진화적 접근", *J Korean Neuropsychiatr Assoc*, 2014, 53(6): 347~357.

- Darwin, L., *The Need for Eugenic Reform*, John Murray, 1926.

- 존 카트라이트 저, 박한선 역, 《진화와 인간 행동》, 에이도스, 2019.

- Engels, F., "Outlines of a Critique of Political Economy", *Deutsch–Französische Jahrbücher*, 1844, p. 1.

- George, H., *Progress and Poverty*, Cosimo Classics, 2006.

- FLORIDA MUSEUM, "Yearly Worldwide Shark Attack Summary-The ISAF 2020 shark attack report", https://www.floridamuseum.ufl.edu/shark-attacks/yearly-worldwide-summary/.

- 스티븐 핑커 저, 김명남 역, 《우리 본성의 선한 천사》, 사이언스북스, 2014.

- Charles Darwin, Francis Darwin(Ed.), *The Life & Letters of Charles Darwin*, London: John Murray, 1887, Including an Autobiographical Chapter 1, p. 316.

추천사

'단 하나의 이론'으로 우주의 삼라만상을 설명하는 것은 물리학, 아니 과학의 오랜 꿈이다. 우리는 과연 이 꿈을 이룰 수 있을까? 빅뱅으로 인한 우주의 탄생부터, 생명의 근원, 인간 마음의 비밀, 인간 사회의 작동 원리 그리고 열역학이라는 메타이론까지, 이 책을 읽고 있으면 조각 그림의 퍼즐들처럼 흩어져 있는 이 모든 것을 하나로 묶을 수 있는 이론이 손에 잡힐 듯 아른거린다.

— 박권 고등과학원 물리학부 교수

우주와 생명의 기원, 한 사람의 마음에서 사회의 작동까지 인류가 지금까지 그 이치를 깨닫기 위해 애쓴 노력을 일곱 개의 다른 렌즈로 들여다본 책이다. 단 하나의 이론으로 모든 것을 설명하려는 게 아니라 일곱 개의 이야기가 각기 독특한 자기 방식으로 세상을 설명하는데 모두 설득력 있다. 한 챕터씩 읽다 보면, 그동안 내 마음과 세상에 대해 궁금했던 빈 퍼즐이 맞춰지는 "아하!"의 쾌감을 얻을 수 있을 것이다.

— 하지현 정신건강의학과 전문의, 《정신과 의사의 서재》 저자

단 하나의 이론

1판 1쇄 인쇄 2021년 8월 25일
1판 1쇄 발행 2021년 9월 18일

지은이 윤성철·노명우·김응빈·김학진·김범준·김경일·박한선

발행인 양원석 **편집장** 박나미
책임편집 김율리 **디자인** 신자용, 김미선
영업마케팅 조아라, 신예은, 이지원, 정다은, 김보미, 구채원

펴낸 곳 ㈜알에이치코리아
주소 서울시 금천구 가산디지털2로 53, 20층 (가산동, 한라시그마밸리)
편집문의 02-6443-8826   **도서문의** 02-6443-8800
홈페이지 http://rhk.co.kr
등록 2004년 1월 15일 제2-3726호

ISBN 978-89-255-255-7979-5 (03300)

© 윤성철·노명우·김응빈·김학진·김범준·김경일·박한선 2021, Printed in Seoul, Korea

※ 이 책은 ㈜알에이치코리아가 저작권자와의 계약에 따라 발행한 것이므로
  본사의 서면 허락 없이는 어떠한 형태나 수단으로도 이 책의 내용을 이용하지 못합니다.
※ 잘못된 책은 구입하신 서점에서 바꾸어 드립니다.
※ 책값은 뒤표지에 있습니다.